学校管理的思考与实践

马晓明 著

吉林人民出版社

图书在版编目(CIP)数据

学校管理的思考与实践 / 马晓明著. -- 长春：吉林人民出版社，2023.12

ISBN 978-7-206-20778-5

Ⅰ.①学… Ⅱ.①马… Ⅲ.①小学－学校管理 Ⅳ.①G627

中国国家版本馆 CIP 数据核字(2023)第 239120 号

学校管理的思考与实践

XUEXIAO GUANLI DE SIKAO YU SHIJIAN

著　　者：马晓明
责任编辑：李桂红
封面设计：豫燕川
出版发行：吉林人民出版社(长春市人民大街 7548 号　邮政编码:130022)
印　　刷：长春市昌信电脑图文制作有限公司
开　　本：787mm×1092mm　1/16
印　　张：12.75　　　　　字　　数：165 千字
标准书号：ISBN 978-7-206-20778-5
版　　次：2024 年 9 月第 1 版　印　次：2024 年 9 月第 1 次印刷
定　　价：68.00 元

如发现印装质量问题，影响阅读，请与出版社联系调换。

前言

随着社会的发展与进步，我国的学校教育正经历着一场变革与创新，对学校治理、管理的重视程度也越来越高。而作为重点指向教育教学核心与前沿的学校治理、管理系统的改革与创新已经成为教育共识，重建教育管理平台，优化教育治理方略，提高教育治理效能势在必行。学校治理、管理及创新是培养创新人才和促进学校发展的创造性的改革，是改进学校治理与管理、提高学校教育教学质量的重要理念和方法，也是促进教育改革与学校发展的重要策略、途径和手段。学校治理、管理及创新的实质是对办学资源的拓宽、提升和优化组合，以形成新的管理格局，提高管理效率，促进和保障创新人才的培养。学校管理及其创新策略研究的目的不仅是给学校管理人员提供一些管理技能、技巧方面的知识，而且要赋予学校管理知识以"现代精神"的灵魂，以便让学校管理人员借助知识为建设现代社会和现代国家贡献力量。

本书是治校、理校策略与践行方面的著作，是作者在小学校长工作岗位上耕耘的结晶，从学校管理策略与举措、办学特色设计与创建、考察学习与校本融合几个板块，生动阐述了学校有效管理的方式方法及管理思想，尤其在小学校本管理的实施与操作层面做了清晰详细的介绍。针对学校管理的有效性，该书简明扼要，直抒核心，从工作目标、反馈评价和操作流程三个维度，指向领导层面、教师层面和学生层面，介绍了学校管理的艺术与技术。书中介绍的办学特色具有很强的校本性，虽说文字平实，但具有很强的启发性和借鉴性。

本书围绕学校管理、课程构建、课堂改革、教师发展、学生自学、文化建设等方面进行详细的论述，对从事相关工作的人员有一定的参考作用。

作者在本书的撰写过程中得到了许多专家学者的指导和帮助，在此向他们表示诚挚的谢意。由于作者水平有限，书中有不尽如人意之处在所难免，欢迎各位读者批评指正，以便作者进一步修改，使之更加完善。

目录

第一章　管理篇 …………………………………………………… 1
- 第一节　现代学校管理文化的追梦者 ………………………… 1
- 第二节　"三线合一"学校管理模式 …………………………… 18
- 第三节　学校纵横教学管理模式 ……………………………… 26
- 第四节　发挥教学评价功能，促进师生健康发展 …………… 29

第二章　特色篇 …………………………………………………… 33
- 第一节　赏识教育办学特色 …………………………………… 33
- 第二节　学校德育特色 ………………………………………… 48
- 第三节　学校美育特色 ………………………………………… 64
- 第四节　体育、艺术"2+1"特色学校 ………………………… 72
- 第五节　创办英语特色学校 …………………………………… 83

第三章　考察学习篇 ……………………………………………… 88
- 第一节　培养学生的公民意识 ………………………………… 88
- 第二节　全面提升学生素质 …………………………………… 89
- 第三节　学生综合素质全面发展 ……………………………… 111
- 第四节　小学全科教师的本质内涵与培养路径 ……………… 132
- 第五节　教师专业发展与教师教育 …………………………… 137

第四章　经验篇·· 142
　第一节　全面实施课程改革·································· 142
　第二节　构建现代信息技术教育平台························ 148
　第三节　科研工作发展研究·································· 155
　第四节　高效课堂教育技术的创建···························· 162
　第五节　传承书法文化推动课程改革························ 167
　第六节　学校管理发展来提高办学效益······················ 171
　第七节　建立校本研修机制来提高教师专业水平············ 175

参考文献·· 197

第一章 管理篇

第一节 现代学校管理文化的追梦者

一、管理文化

（一）管理的效度取决于评价与反馈

没有目标的管理是盲目的管理，没有反馈的管理是无效的管理，制定一个细化的学校目标工作方案，是学校管理工作的第一步。

1. 学生综合素质发展目标评价与反馈

教学质量是学校的生命，学生综合素质是教学质量的核心。学生综合素质发展的反馈与评价，在学校教学管理平台上形成体系，教学质量目标的落实才会真正得到保证。

（1）星级学生评比

学校要善于将学生综合素质以物化的形式来体现，如用"星级学生"的形式体现：爱国星、礼仪星、学习星、规则星、卫生星、劳动星、体育星、艺术星、创新星、友爱星等。星级学生评比应贯穿学生成长的每一个环节，有自评、生评、师评、家长评、社区评。各班级建立小组，组长负责统计各种反馈信息，每周集中评价一次，每月上报学校公布一次，每学期学校召开隆重的开学典礼大会进行表彰奖励，颁发奖品和证书，请家长到会，让每个学生逐一上台领奖，感受成功和自信，营造浓浓的学习氛围。表彰奖励覆盖面应达到30%。

（2）综合素质成长卡

学校应依据新课程标准，将学生综合素质发展指标具体化，并以《学生综合素质成长记录卡》的形式呈现，评价与反馈按周、月和学期三个时间段，建立自评、组评、家长评和教师评四种机制，注重学生自主发展内驱力的培养，以养成良好的素质成长习惯为宗旨。

星级学生评比以目标宽泛和评价模糊的形式出现，而《学生综合素质成长记录卡》则以目标具体和评价客观的形式呈现，两种形式融为一体，更加符合学生身心成长的规律。《学生综合素质成长记录卡》分立德、学知、健体和艺术四项，按过程性目标和成果性目标进行反馈和评价。如，"学知"过程性目标指向有每天读书30分钟、每天听读英语录音20分钟、课堂常规表现反馈等按周进行反馈评价；"学知"的成就性目标指向有各学科学习等级、各学科课堂表现。"健体"过程性目标指向有每天坚持跳绳50~80次、每天完成仰卧起坐50次、每天坚持跑步400~800米等，按周进行反馈评价；"健体"的成就感目标指向有学生体质健康指标等级、体育特长项目等级等。

2. 教师岗位职责目标评价与反馈

教师自身价值的体验，是教师快乐、幸福工作的源泉。有了这种体验，教师就会愉悦、充实地工作。这种体验来自学校全面、公正的反馈与评价，而这种反馈与评价来自学校、同行、家长和学生。不论来自哪个层面，学校搭建反馈与评价的平台是其根源。

（1）学校层面

教师考核既要全面，又要易于操作，其根本宗旨是形成激励教师团队积极工作的机制。如学校考核方案按教师职业道德、教学常规、管理工作（班主任工作、科任管理工作）、教学质量、非笔试检测、学生及家长测评，6大项32条款来设计。其中教学质量和非笔试检测是刚性的客观评价，其他项目是注重反馈与指导的主观性评价。采取模糊性评价与客观性评价、过程性评价与终结性评价相结合的方式，给教师工作以全面客观的反馈，其宗旨是激励与引导教师，充分尊重教师，保护教师的自尊心和自信心是第一位的。

（2）同行层面

年级组教研课、学科教学论坛、校内班级间的大型活动、教育教学经验交流与科研成果推广等，都是同行展示自我与实现自我的重要平台，学校要为教师搭建好这样的平台，将教师的专业发展引领到这一平台，使学校的发展与教师的成长融为一体。

(3) 家长与学生层面

学校一切工作的归宿，应该指向学生的健康成长。家长与学生层面对教师的反馈与评价是最真实的，这种信息有的是无形的舆论，有的是具体的事例。积极的舆论可以提升教师的知名度，消极的舆论会给教师带来较大的工作压力。保护教师是校长头脑中的第一思维，一方面，校长要建立长效的家长测评教师机制，及时发现和反馈教师工作的不足，在机制上保护教师；另一方面，当教师面对尴尬局面时，校长要敢于承担，要善于在公众面前立教师威信。

3. 领导岗位职责目标评价与反馈

将包括校长在内的领导班子成员的工作目标，列入学校管理的反馈与评价机制，学校的管理才能步入现代学校管理的轨道。其核心点是校长工作目标的反馈与评价，是否以学校管理机制的形式予以执行，而非依赖校长本人的意志。如学校领导班子成员目标管理细则的实效性运行，标志着学校管理的整体性与先进性，是牵一发而动全身的高效管理。形成校长→班子成员→教师→学生循环封闭的管理模式，将每个成员都纳入管理网络，使每个人都受到督促与约束，这是现代学校管理追求的目标。

(二) 管理的艺术在于制度的弹性运用

1. 刚性的制度必须体现其刚性

没有落实就不会建立制度的信度，而刚性制度条款的制定，能够为制度的落实规避所有的空间，使执行者没有理由不落实，也会让被执行者没有理由不接受，从而形成良好的制度文化。如教学常规抽检制度、考勤制度、非笔试验收制度、领导班子目标管理细则抽检制度等都有刚性规定的条款，违规者没有规避的空间。

2. 弹性制度要充分体现人性化

学校管理要覆盖全面，全面的细化管理是一个反馈与规范的过程，这个过程并非制度的僵化落实，而是注重反馈与指导，制度的落实要有伸缩的空间，要更多地体现人性化管理。如对于课堂教学常规制度，教师如果出现违规的现象，通过谈话或是暗示的方式予以反馈，更能收到好的效果。

3. 制度的落实需要群体知晓

学校工作制度的落实，需要教师群体的知晓，以此保障学校在依法治校的轨道上健康发展。如学校考勤制度，每月教师出勤情况在校园局域网公示；校本研训制度，教师教研课、教研材料及出席情况等定期在校园局域网公布；领导目标管理制度，领导班子成员工作目标完成情况，按月上传到校内局域网。敢于将公开的制度落实，就一定会使管理工作破冰前行，也一定会实现高效与实效的管理。

(三) 制度文化的形成是管理的理想境界

1. 制度条款覆盖学校管理的各个环节

建章立制是依法办学的前提，学校的规章制度除法定的以外，其他校内规则要充分来源于教师团队的共同价值取向，征求教师意见和建议，这既是一个民主的过程，更是一个制度宣传的过程，切不可校长"拍脑门"，那样，即使好的规定也不易引起教师团队的共鸣。《学校管理手册》是每一所学校的制度大全，它涵盖了学校各项工作的要求，使各项工作有章可循，是学校依法管理的依据。

2. 反馈与落实是制度文化的根基

制度条款的淡出并不意味着没有制度，而是制度已经衍变为教师的一种自觉行为，已经被一种积极的舆论所替代，这就是制度文化。没有制度就没有文化，反馈与落实是制度文化的根基。如学校教师没有离岗的现象，这可谓学校的一种文化，而这种文化的形成源于学校考勤制度的落实；又如学校的领导坚持上示范课是一种文化，而它的形成离不开领导目标管理细则的有效落实。

3. 没有制度的学校管理，永远不会打造学校的品牌

品牌就是一种认可，学校的品牌就是社会、家长和学生对学校的认可。当学校的品牌设计形成后，与之相适应的制度保障体系也应运而

生，品牌学校的打造才可驶上稳定的轨道。如英语是学校的品牌，从课时安排、英语活动、考级程序、教师培训等，大到课程设置，小到书写要求，都有与之相伴的制度条款或细则要求，只有这样，才会打造出品牌。

二、赏识文化

"走向人本"就是走进现代社会，"走进赏识"就是"走向人本"。赏识特色学校创建是学校"走向人本"办学思想的鲜明体现。自2003年始，学校将赏识教育办学思想融入学校管理之中，创办赏识教育特色学校，为以民办体制运行的学校带来了蓬勃生机和活力。

赏识教育，是指教育者以尊重受教育者的个性为前提，以"信任、真爱、理解"为基础，以"激励、宽容、提醒"等方式正确对待其优缺点，通过对受教育者进行赞扬、鼓励与赏识，使其更好地认识自我、发挥潜能，最终实现自我发展的一种教育方式。

赏识教育是生命的教育，是爱的教育，是充满人文性、富有生命力的教育。

（一）学校品牌名称——赏识教育特色学校

赏识能唤起心灵的共鸣，赏识能激发希望的火花，赏识能把自信留在心底，赏识能激起奋进的力量。例如，学校从学生、教师和学校三个维度，呈现了鲜明的赏识文化。

- 校风：赏识　和谐　人本卓越
- 学风：乐学　勤学　个性有恒
- 教风：广博　精湛　亲情博爱
- 办学理念：校园的天空飘荡的永远是孩子们欢乐的笑声！

（二）学校办学理念

欣赏每一个孩子，让每一个孩子都充满自信地去面对学习、面对生活，让他们的未来充满希望、充满阳光。

（三）品牌学校创建策略

1. 品牌定位——"赏"

赏识教育的本质是生命的教育，是爱的教育，是充满人情味、富有生命力的教育。人性中最本质的需求就是渴望得到赏识、尊重、理解和珍爱。就精神生命而言，每个孩子都是为了得到赏识而来到人世间，赏识教育的特点是注重孩子的优点和长处，让孩子在"我是好孩子"的心态中觉醒。

2. 营造赏识教育的环境文化

（1）赏识教育主题在学校环境建设中凸显主体地位

雕刻有"赏"字和"恒"字的巨型文化石，设计不同字体的"赏"字屏风，学生光荣榜橱窗，走廊墙面的学生作业展等，从内容到形式，都烘托出浓郁的赏识文化气息。

（2）注重学校赏识教育内涵文化的建设

每学期每位教师读一本赏识教育书籍；开设赏识教育论坛，编写《赏识教育的案例集》《赏识教育——阳光评语》《赏识教育——教师与学生》《赏识教育教学模式集》；聘请赏识教育专家周泓到校做报告；在校园网创建赏识教育教师博客；开展学生和家长专项问卷；设立学生与家长投诉信箱、投诉电话等。

3. 注重赏识教育思想的行为体现

（1）在课堂教学过程中体现赏识理念

课堂教学是开展赏识教育的重要阵地。在课堂教学中，引导教师通过科学的教学设计，采用灵活多样的教学方法和教学策略，创设丰富多彩的教学活动，让每一个学生都能找到兴奋点，都有机会发挥自身的智能强项，都能以自己最擅长的方式去学习，从而更好地理解和掌握学习内容。

让每个学生在课堂中都有成就感。比如，提问、讨论等课堂活动设计体现出难易程度上的梯次性，让所有同学都参与课堂教学中来，而不是把大多数同学变成无关的看客。作业的设计分为必做题和选做题两部分，并且在评价时对学习程度有差异的同学采用不同的标准，既赏识学习的结果，也赏识学习的方法、态度和精神。教师的评价在分数和等级评定之外，还给予充满关爱的评语，比如，"你在解这一题时表现出的思路对老师也有很大启发""你最近作业格式规范、字迹清楚，让老师改作业也成为一种享受"等。

形成"赏识—自主"课堂教学模式。"课前赏识→兴趣激励→自主探究→目标激励→合作交流→评价激励→总结拓展→成果激励"是"赏识—自主"课堂教学模式的流程。它追求的是让每个学生都能感受到学习的收获和成就，都能对学习充满自信和快乐。

"课前赏识→兴趣激励"，是根据学科特点，对学生在预习、作业时的学习状态等表现进行简短的评价，并记录在学生学业手册中。如六年四班一节作文评改课的课前赏识："内容表达具体的有6人，分别是张欣怡等""书写和标点好的有5人，分别是刘华宣等""语言优美，表达流畅的有5人，分别是杨一烁等"。

"自主探究→目标激励"，是指在学生的学习欲望被充分调动起来的基础上，教师引领学生自主学习，这种学习更多地体现为教学方式和学习方式的转变，在教法和学法上体现探究与自主。如在数学课堂上，教师采取尝试教学法，分层次指导学生学习，让优秀的学生自主学习能力得到发展，学困生得到老师一对一的辅导机会。

"合作交流→评价激励"，是赏识教育课堂教学模式的核心，是学生体验学习价值的平台，学生将自己或小组中的学习收获通过汇报、表演、操作、测试等方式展示给全体同学，会使学生自主学习的积极性得到充分激发，并延伸到课后，形成自主独立学习的习惯和能力。如在四年级英语课上，四个同学一组进行会话表演，展示中学习价值得到生动体现。

"总结拓展→成果激励"，包括课堂上教师对小组学习和学生个人学习的评价以及小组内成员之间彼此学习情况的评价，以欣赏和鼓励的方式肯定学生的表现，让学生体验到学习的成就，收获到学习的自信。如每月每个学科教师向班主任推荐十名学科表现优秀学生，并在学校电子屏幕上张榜等。

(2) 将赏识理念渗透于养成教育全过程

养成教育包括学习方法的养成、学习品德的养成、文明礼仪的养成、积极公正的世界观、人生观、价值观的养成等。所有这一切品性的养成是一个漫长的过程，渗透在学校生活的方方面面、点点滴滴。赏识在养成教育中具有特别的功效。丘吉尔曾经说过："你要别人具有怎样的优点，你就要怎样地去赞美他，实事求是而不是夸张地赞美，真诚地而不是虚伪地赞美。"以世纪之星评比活动为载体，为每个学生的发展提供展示的平台，是学校养成教育渗透赏识教育理念的生动方式。

(3) 赏识教育在教师管理中的体现

让每一名教师都有适合自己的岗位，让每一名教师都体验到自身的价值，是现代学校追求的管理思想。

赏识教育的核心是尊重，教师的职业敏感性更倾向赏识。将师德、业绩表现突出的教师推选上优秀教师的平台，从每学年评选 10 名，到每学年评选 15 名，到现在每学年评选 5 名（3 年不重复评选，评选严格依据业务考核）让更多的教师体验到荣誉与价值。

每一次听课，校长对教师的评价都是充满肯定、鼓励的话语，拉近了与教师的距离。每学期一次的学生测评和家长测评反馈表，以单独反馈条的形式反馈给全体教师，体现了对教师的尊重。

三、品牌文化

(一) 立足校情——打造品牌

没有寻觅不到的品牌，只有不善于发现品牌的眼睛。每一所学校都具有独特的特点，用智慧去雕琢它，以恒心去坚守它，就一定会成就学校的特色与品牌。这种雕琢与坚守不能离开专家的点拨与指导。

1. 创建英语品牌学校

大自然小学建校初始，学校英语教师队伍整体素质优秀，学校就组建英语品牌创建团队，确定了创建英语特色学校的规划方案，选派主管副校长和骨干英语教师到沈阳、大连等地，实地考察双语教学和多媒体英语软件应用教学情况，将省、市英语教研员请到学校，论证学校英语特色学校规划方案，最后开始了在实践中创建英语特色学校的征程。十几年的坚守，英语特色学校创建工作在实践与理论融合中，特色愈加明显，每次市区级英语检测，成绩都名列前茅。学校被评为全国基础教育研究中心外语实验学校，先后召开市级英语教学现场会两次，有一名教师获国家级英语优秀教师，一名英语教师在省英语教师教学基本功比赛中获第一名。

2. 信息技术普及与应用特色学校

2003年，刚刚建校的大自然小学，以民办公助的办学机制，出现在抚顺的教育天空。现代化的教学设备是学校的办学优势，将硬件优势转化为办学特色，是学校发展的愿景。以普及与应用为落脚点，以超前规划为发展策略，学校先后将省电教馆的专家、市学院计算机部及电教部的教研员邀请到校，帮助学校论证学校信息技术普及与应用发展方案，形成了集计算机教学系统、电子备课系统、多媒体教学系统、校园网络系统、闭路电视系统、资源服务系统为一体的学校信息技术硬件体系。学校倡导应用最好的培训思想，将教师信息技术培训与应用有机结合起来，仅仅一个月的时间，信息技术水平参差不齐的教师队伍，便人人可以利用多媒体手段进行教学，而且在信息技术手段的应用中，技能水平不断提高，早在2005年进行的辽宁省教师计算机专业等级考试中，学校教师全部达标及格。学校先后承办市级信息技术应用现场会、市级电子白板普及与应用现场会，学校网站被评为辽宁省优秀学校网站，学校被评为辽宁省教育技术示范学校。

3. 体艺"2+1"项目特色学校

学校决定让学生形成两项体育技能，掌握一项艺术特长。针对场地优势和师资力量，将轮滑、足球、乒乓球和口风琴列为学校"2+1"工程项目。从教练的社会化聘用，到校内教师专业技能培训；从学生社化培训与学习，到校本课程的研发；从"2+1"项目的普及与坚持，到学生体质健康水平和艺术素养的提高，学校体艺"2+1"项目工程，以学生健康发展为宗旨，形成了鲜明的特色。学校先后承办了辽宁省学生体质健康水平测试工作和辽宁省学生公共卫生工作现场会，抚顺市学校体艺"2+1"工作现场会，学校被评为辽宁省体艺"2+1"项目工作示范学校。

4.打造书香校园

热爱读书的民族才有希望。读书习惯是长时间形成的，是在无形中定型的。致力于打造书香校园，是学校文化的需求，更是一种使命的驱使。学校将经典国学、寓言童话、儿童诗、现代精品读物等作为学生阅读推荐读物，通过开设阅读课，举办读书节，评选读书之星和书香家庭等活动，营造浓郁的校园读书氛围，培养学生良好的读书习惯，使校园充满了书香文化。

(二) 品牌是一种文化，是底蕴的积淀

1.师生素养的呈现

提升师生素养是打造品牌的根本，学校品牌不是形式和口号，而是呈现出的师生素养文化。打造学校品牌应着眼于师生素养的提升。在打造学校英语品牌特色的过程中，学校上至校长，下至普通教师，每人必须会说50个常用英语句子，会背100个常用单词，英语教师口语、英文字母书写、英语情景剧表演等都需要逐个过关。学生单词和句子过级验收每学期一次，口语验收及大赛每学期举办一次，英文书法作品展每月举办一次。当学生与教师表现出较高的英语素养时，英语品牌和特色便自然形成了。

2.稳定的模式运行

品牌的打造需要稳定的模式，但品牌的形成则依靠模式运行的生动与智慧。如"赏识—自主"课堂教学模式是赏识教育特色的一种模式，这种模式的核心是激励学生，让学生建立自信。教师在运用这一模式时，把握住核心就可以了，不必僵化地套用模式，而要生动地运用。如作文讲评课，有的教师以书写规范奖、开篇动人奖、文思新颖奖、最佳文采奖等形式进行激励评价；有的教师则先公布优秀习作名单，再欣赏优秀习作，其目的是让学生对习作产生兴趣，建立写作的信心。

3.课题研究与推进

品牌的出现应是外显与内涵的统一，物化的品牌需要内涵的支撑，否则，品牌便会缺失内涵和底蕴。内涵来源于理论与实践的完美结合，这种结合的途径是开展课题研究。《有效利用网络资源，促进语文、数学学科与信息技术整合的实证研究》《构建赏识教育特色课堂的研究》《轮滑运动在小学体育教学中的开发与运用》《信息技术与学科教学的有效整合研究》《快乐英语》等多项国家级和省市级课题的结题，为学校打造赏识教育特色学校、体艺"2+1"项目工程特色学校、现代信息技术特色学校和英语特色学校都积淀了厚重的底蕴。

（三）品牌是育人的典范

1.遵循人的成长规律

学校的品牌就是育人的品牌，遵循人的成长规律，是品牌人本理念的体现。学校打造赏识教育特色品牌，遵循了马斯洛"需要层次"理论，人类除了最基本的生理、安全需要外，更高层次的需求就是对尊重的需求，希望得到他人的肯定和欣赏，得到社会的肯定性评价。根据多元智能理论，在课堂教学中，如果教师善用赏识教育，就会让有差异的孩子在原有基础上都得到发展，激发不同层次学生的潜能，更有利于教学的分类推进。

学校引领教师团队在创建英语特色学校的过程中，对校本课程的设置、英语特色活动的开展等，遵循了儿童语言发展基本阶段的规律。如学校以口语大赛为平台，激励学生听读英语的积极性，就是遵循了这一阶段儿童语言听说形成的规律。

2.坚持与创新是品牌的生命

品牌的形成是坚持的结果，品牌的提升源于创新。学校打造一个品牌离不开坚持与创新，例如，大自然小学坚持十几年打造学校赏识教育的品牌，在坚持与创新中，学校赏识教育办学特色鲜明。赏识之星评比每学期表彰一次，坚持了十二年，举办了二十四次。赏识教育由学校到家庭，由学生到教师和家长，由德育活动到学科教学，由评价激励到赏识文化，由注重形式到课题研究。赏识教育的品牌，鲜明地呈现在学校的各个层面，学生在赏识的育人氛围里，对未来充满了希望，生活中充满了快乐，对学习和人生充满了自信。

3.品牌的打造是团队精神的凝聚

校长要善于将自己的办学思想在团队中产生共鸣，形成团队的价值追求和精神动力。例如，创建体艺"2+1"项目特色学校的过程中，校长通过家长会上的演说，让广大家长认识到体育与艺术是孩子全面成长不可偏缺的部分；通过开展"2+1"项目论坛，让全体教师从思想上、方案的制定上、行动上与学校整体工作一致；通过班级展示、学校展示等活动，让学生、家长、教师与领导体验到成就。团队精神在亲历与共享中凝聚。

四、质量文化

教学质量是学校的生命，而提高教育质量的源头在于课改。

课程是课改的核心，教师是课改的关键，教与学的方式是课改的焦点，课堂教学是课改的主阵地，学生综合素质的提高是课改的宗旨。

（一）关注课程建设

课程核心意识在校长的管理思想中铁定如山，国家课程按规定开设，地方课程有效融入性开设，校本课程特色开设。校长引领教师团队结合学校特色创建工作，先后开发了《轮滑》《乒乓球》《古韵诗香》《书法》《英语考级手册》等校本教材，使学校办学特色底蕴更加厚重。无论是国家课程、地方课程还是校本课程，其呈现方式都是教材，拓展教材、浓缩教材、丰富教材，使其重返课程精髓，是校长倡导的课程思想，在这一理念的引领下，走出教材、走出课堂，用教材教的课改理念已经成为教师教学的行为习惯。

（二）深化课堂教学改革

1.构建"赏识—自主"课堂教学模式

培养学生自主学习的习惯，是这一课堂教学模式的核心。从教学模式的构建，到教师的灵动运用，是实现这一目标的策略。课题研究计划的设计、教研活动的开展、教学论坛主题的确立、观摩与研讨活动的开展等都要围绕这一主题。学校的省级课题《构建赏识教育特色课堂、提高课堂教学效率》，顺利通过结题验收，在课题研究的过程中，"赏识—自主"课堂教学模式的构建，得到验证与推广。

2.关注教学成果，形成检测机制

求真，是一种良好的品格。学校通过笔试、非笔试、第二课堂成果展示、随机听课、学生作品集展示等形式，让课堂教学成果验收得以全面覆盖。语文古诗文背诵、作文检测、拼音验收、推荐书目阅读验收；数学计算验收；英语口语大赛、朗读验收；科学演示实验与操作实验验收；计算机操作验收；综合活动学生操作能力验收；体音美第二课堂成果展示验收等，校长与班子成员组成评委，亲临每一项抽检项目，每学期上百名学生在校长面前通过"一对一"式的检测验收，虽然牵扯校长一定的时间和精力，但这种抽检机制对质量的监管是权威的，对教师的促动是强有力的，对学校全面质量发展的影响力是持久而生动的。这种管理机制下的学校教学质量一定会在高位线上稳定提升。

3.明确目标要求，抓实常规教学管理工作

没有反馈的管理，是无效的管理；没有监督的管理，是随意的管理。追求有效，杜绝随意，是一名优秀校长教学管理思想的体现。教学常规管理实行达标制，明确常规管理要求，实行校长抽样检查与相关学科负责人常规检查指导双轨制。管理是为了充分调动教师的积极性，监督也应该是艺术性的指导与督促，并非为了甄别和区分。按时反馈与指导是校长监管下属的硬性指标，必须完成，而对教师的定性评价则由校长组建的小组通过抽检的方式完成，既回避矛盾又改进工作，这是校长管理艺术的体现。

（三）建立校本研修机制，提高教师专业水平

教师是推进课程改革的最为关键的因素，只有课改思想体现在教师的教育教学行为之中，才意味着课改真正的贯彻；只有教师的教育教学行为源自课改思想，并富有创造性和实践性，才意味着课改工作的蓬勃与生机。

1. 明确校本研修目标，层层落实研修任务

为落实教师个人专业成长目标，建立教师个人成长档案，学校统一设计教师专业档案模板，使教师专业发展方向明确、任务具体。将教师专业发展分成五个学科组，分类培训，即语文学科、数学学科、英语学科、艺术学科及综合学科，由教学校长具体负责研修工作，分管学科主任具体负责指导工作。

2. 构建促进教师专业发展的评价体系，激发教师专业发展的内驱力

（1）将教师专业发展水平列入教师考核之中，将教师引向专业发展的轨道

教师自身专业发展与教育教学效果相统一，是教师专业水平提升的价值体现。在教育教学实践中提升教师专业水平，教师专业水平的提升又促进教育教学质量的提高。教师考核的评价取向，将教师真正引向专业发展的轨道。如备课、上课、教研、科研、教学成绩、考试命题、教学基本功等考核，都将体现对教师专业水平的考核。

（2）评价体现发展性，为教师专业发展提供空间

现在课改缺少的并非先进的理念，而是缺少将这些理念转化为管理行为和教学行为的实施者。常规教学看似平常，但教师专业水平提升的熔炉正是这块土壤，针对教师专业发展中的不足，学校留给其改进和提高的时间和空间，而不是一棒子打死，这种发展性评价有效促进了教师专业水平的发展。

（3）体现强制性，为教师专业发展增加压力和动力

建立教师《基本功考核制度》《理论学习制度》《集体备课制度》

《校本教研制度》《继续教育管理制度》《继续教育奖励条例》《青年教师成长管理意见》等相关制度，将教师继续教育与学校用人机制相结合，与教师岗位设置相结合，形成教师终身学习和职业发展的激励和约束机制。

3.扎实开展校本研修工作，满足教师专业发展的需求

（1）丰富研修资源，倡导自主发展

充分利用校园局域网和互联网，为教师专业提升和发展提供广阔的视野和迅捷的信息。购买各种教育软件资源，如各学科全国优秀课例、省市优秀课例、校际优秀课例、专家课改报告、新课程培训资源等，为教师自主学习提供了广阔的空间。建立互联网资源库，学校引进了1000M光纤宽带网，为每个教师办公室配置一台电脑，使教师在无穷尽的网络资源中便捷地汲取专业成长中所需要的信息。营造读书氛围，积淀专业素养，让教师走进阅览室，养成读书的习惯，学校制定总体读书计划、统一布置读书任务，让教师定期撰写《教学札记》，定期举行读书交流会。

（2）创新研修方式，讲究研修成效

研修方式从学校实际出发，从教师需要出发，以新颖性吸引教师乐于参与，以灵活性让教师轻松参与，体现个人自学、教研组合作、统一培训相结合的研修特点。研修主要有自学理论、校本教研、课题研究、专题讲座、案例分析、考察调研、教师论坛、经验交流等模式。

①自学理论

每周写一篇摘录或心得；每学期提交一篇3000字的学科教学反思；每年读一本理论书籍；每学期召开一次读书心得交流会。

②组内研讨课，观摩中共同成长

每位教师每学期在学科组内上一节组内研讨课，研讨课上课日期于学期初公示，贯穿在学期的每一天当中，使得每位教师都能有准备地上好每一节研讨课。

③优秀案例评析，理论与实践的融合

教师在听课中对执教者各个教学环节的教学表现，要站在新课程理

念的高度进行评议，教导处每周检查一次，重点看评析中新课程理念与教学实际的结合情况。这样既不加重教师学习负担，又使学习与实践融合为一体，可以有效提升教师专业理论素养。

④"名师"艺术展示课，发挥骨干教师的辐射作用

"名师"展示课强调的是课堂教学艺术，每学期学校选10名教师结合自己的专长，为学科教师上一节展示课，其特点是课前进行教学辅导，即这节课的设计理念是什么、在哪个教学环节将体现什么思想、教师组织与引领角色如何体现、学生自主学习习惯如何体现等，要在课前向听课教师进行辅导。课后在点评时，让听课教师能清晰感受到课的生成在哪里，教学中没有落实的目标将在今后的教学中如何落实等。

⑤领导教学辅导课，宏观调控与具体指导相统一

每学期每位学科分管领导进行一次学科教学辅导，这种辅导是在反馈了教师专业成长信息前提下的辅导，是宏观调控与具体指导相统一的辅导。这种辅导既要与自己的示范课相结合，又要大量收集优秀的课例资源。这种培训使教师专业水平提升的同时，更促使领导专业水平的发展，真正成为教师专业发展的引领者。

⑥教师论坛，在交流中进步

针对教师教育教学中存在的困惑和问题，如对新教材的使用建议、教学方式与学生学习方式的转变、新型的师生关系、新课程的评价问题等，组织教师开展教育沙龙，通过教师与教师之间相互启发、相互补充，实现思维和科研智慧的碰撞，从而产生新的思想，使原有的观念更加完善和科学，产生"1＋1＞2"的效果。

课题研究，教师专业发展与教育科研相结合。参与课题研究是教师专业提升的有效渠道，课题要源于工作实际、工作困难、课改实践、经验总结、教育现象。学校倡导的课题研究思想是先定课题，后行教研——针对课题，制订计划——结合课题，准备课例——围绕课题，交流经验。不主张刻意公开发表文章，但是，严格要求提炼研究成果。每学期上交一篇感触深刻的课改反思、提炼一份有理论高度的案例式评课

实录、撰写一份优秀教研展示课教案、完成一篇专题研究论文或经验、筛选一个赏识教育典型案例等，让课题研究呈现实效性。

专家报告。教师专业提升首先是教育理念的提升。校长要经常通过组织教师观看专家录像报告、聘请省市教育专家到校做报告的形式，促使教师进一步更新教育理念，反思教学实践，加深对课程改革工作的认识与理解。

外出考察学习。定期选派工作作风扎实、教学业务能力强、教学业绩突出的教师参加省、市、区级骨干教师培训班学习，开阔教师视野，活跃教师思维，是一名校长开明的培训行为。

4. 分层培训，构建教师资源的"金字塔"

（1）新教师培训

关注培训效果，本着"不合格不上岗，学生不满意要下岗"的原则，让新教师尽快成长起来。学校通过"青蓝工程"，有效发挥骨干教师的作用；通过定任务、压担子，激发新教师自我提高的动力。

（2）弱势教师培训

领导包学科。每个学科的薄弱教师由分管学科领导负责跟踪培训，采取绩效挂钩的考核方式，使指导者与被指导者共同享受成长的快乐。

骨干结对子。在人事安排时，考虑骨干教师的均匀分布，每个年级组安排有骨干教师，并与组内较弱教师结成帮学对子，采取绩效挂钩的考核方式，在帮学中共同体验成就与快乐。

（3）骨干教师及学科带头人的培训

对骨干教师和学科带头人的培训起点高、标准更高，充分发挥教师的自主性，让他们感受到参加培训的快乐与责任。派他们参加各个级别的学术报告会，让他们到省内外参观学习；为他们主持教科研课题提供强有力的支持。

5. 扎实开展教学基本功比赛

有针对性地开展教学基本功验收活动，以此形成教师较强的专业技能。基本功项目有教学设计、评课、说课、信息技术应用、粉笔字、普通话等,每学期选择其中 3~4 项进行验收,验收时注重公平性和实效性,学校多名教师获得国家、省市基本功大赛奖励,部分教师获全国语文教师课堂教学大赛展演第四名、省班主任教师教育技能大赛第一名、省英语教师教育技能大赛第一名、省美术教师说课基本功大赛第一名、省音乐教师钢琴基本功大赛第一名。

只有学校文化的建构才能唤起学生心灵的共鸣,产生积极而生动的情感效应,才能使学生在美的境界中不断提升自己的修养,进而全面提高学生的素质。也只有将学校文化与学生素质的提高生动地结合在一起,学校文化才具备思辨力、内蕴力和穿透力;才能具备亲和力、凝聚力和感召力,最终形成一种发展不竭的动力,并不断向外辐射和扩张。学校因此就有了无尽的人本力量,推动学校向前发展。

第二节 "三线合一"学校管理模式

一、懂礼仪

(一)目标指向

培养学生形成良好的文明礼仪习惯,涵养学生的道德修养,实践立德树人根本任务。

(二)内容与要求

1. 校园礼仪

(1)早晨入校礼

进入校门,见到保安叔叔和值周教师行鞠躬礼;进入教室见到教师行鞠躬礼;在走廊见到老师行鞠躬礼(其他时间不用行礼)。

(2)课堂礼仪

学生到黑板前板演结束后,要向老师行鞠躬礼。

(3)办公室礼仪

学生到办公室时,先敲门,允许后进门,先向老师行鞠躬礼,同时说"老师好",离开后向老师行鞠躬礼,同时说"老师再见"。

（4）见到客人礼仪

在操场、走廊、教室等校园内场所，见到客人行鞠躬礼，同时说"客人好"，遇到学校领导或老师与客人同行，先向客人行礼，后向本校领导或老师行礼。

（5）放学礼仪

放学时，到校门口整队后向送排老师和保安行鞠躬礼，同时说"老师再见""保安叔叔再见"。

2.家庭礼仪

出门离家时向父母等长辈说再见，并行鞠躬礼；回家后向长辈问好，并行鞠躬礼。

（三）平台与载体

礼仪短视频；礼仪美篇；礼仪示范班级。

二、守规则

（一）目标指向

培养学生形成规则意识，养成遵守规则的良好习惯，提升人格魅力。

（二）内容与要求

1.《小学生守则》会背诵。

2.学校一日规范能践行。

（1）楼内行走规范。轻声慢步，上下楼梯不说话，脚步轻轻声音小，右侧行走有秩序。

（2）课前准备规范。

（3）上课坐姿规范。

（4）上课下课师生问好规范。

（5）专用教室上课秩序规范。

（6）大课间活动规范。

(7) 餐前洗手规范。

(8) 用餐节约规范。

(9) 室外卫生清洁规范。

(10) 教室卫生清洁规范。

(11) 升旗仪式活动规范。

(12) 午间阅读活动规范。

(13) 储物柜物品摆放规范。

(14) 取送饭箱工作规范。

(15) 作业书写规范。

3. 班级规则严落实。

(1) 星级学生评比规则。

(2) 班级处罚规则：谈话、书面检查、承担班级劳务、公开批评、取消评优等级。

(三) 平台与载体

1. 各项规范示范班级评选（分期推荐，与文明班评比挂钩）。

2. 周文明班级评比。

3. 三好班级、优秀班主任评选。

三、爱读书

(一) 目标指向

培养学生爱读书的习惯，积淀丰厚的阅读体验，提升语文素养。

(二) 内容与要求

1. 每天阅读30分钟。

2. 每月阅读一本阅读手册上推荐的书籍（设计阅读储存卡：金卡、银卡、平卡）。

3. 五年级和六年级每学期完成5000字的阅读笔记。

4. 背诵规定的古诗词。

5. 丰富《华萃书苑》内的阅读推荐篇目。

（三）平台与载体

1. 每年评选一次读书小博士，召开隆重的颁奖大会。

2. 诗词大赛每学年一次。

3. 故事、演讲、朗诵、课本剧风采展示每学年一次。

4. 阅读笔记展示评比每学年一次。

5. 阅读量抽检每学年一次。

四、好口才

（一）目标指向

树立口语表达意识，培养学生能够表达、善于表达的能力，形成良好的校园汉语表达氛围，提高学生语文实践应用能力。

（二）内容与要求

1. 早自习晨语，每天早晨安排一名同学，在讲台前当众演讲 2—3 分钟，低年级讲故事、中年级讲书评或朗诵、高年级励志主题演讲，每学期每名学生完成两次当众演讲任务。

2. 每天第五节课前 10 分钟古诗文诵读训练，列入课堂教学常规考核项目。

3. 间周一次主题班会，每学期 8 个主持人进行主持，班级记录名单备查。

（三）平台与载体

1. 四年级至六年级主题升旗仪式最佳主持人评选。

2. 学校层面抽检班级学生口才水平，通过古诗诵读、故事演讲、朗诵表演、读后感演讲等形式进行抽检，每学期一次。

3. 每年读书节期间，开展故事演讲、读后感演讲和朗诵比赛。

五、好书法

（一）目标指向

传承中华优秀传统文化，建立学生习练书法的意识，培养学生习练书法的习惯，锻炼坚毅的学习品格，练就一手好字陪伴终身。

（二）内容与要求

1. 一年级和二年每周开设一节硬笔书法课，以仿写专业硬笔字帖为主，每周完成三页仿写作业。三年级至六年级每周开设一节软笔书法课，以学习欧体书法为主，每周完成三张仿写作业。每周一统一上交书法教师，书法教师负责批阅反馈，班主任协助书法教师检查学生完成情况。

2. 学生每天回家习练书法20分钟，三年级至六年级学生家中必须备齐"文房四宝"（笔、墨、纸、砚），外加洗笔瓶，班主任以微信图片的方式检查反馈。

3. 每名学生家中备一本欧体字帖。学校统一选购，家长自愿购买。

（三）平台与载体

1. 学校层面进行班级学生书法习练情况抽检，与班主任和书法教师考核挂钩。

2. 五楼大厅每周展示一次各年部优秀书法作业，每月展示一次学生优秀书法作品，每学期在一楼大厅展示一次全校优秀书法作品。

3. 校园电视台每月录制一集书法优秀学生习练书法视频，在晨读时间播放。

六、好英语

（一）目标指向

树立语言工具意识，走向世界文化交流的大平台，培养学生学习英语的兴趣，养成良好的英语口语习惯，积累课标中规定的单词和句子，学生形成本地区一流的英语能力。

(二) 内容与要求

1. 三年级和四年级每周两节英语课，五年级和六年级每周三节英语课，每周安排单词和句子周过关内容。班主任协助管理，列入考核。

2. 每周2页英语书法作业。

3. 每天听读15分钟英语课文，有能力拓展课外英语读物。

4. 每月读1~2篇英文短篇，学校统一推荐。

5. 编辑英语单词、句子手册，分必背和拓展两部分内容，分六级内容，每学期考级一次，三年级至六年级各年级必背内容满分者为对应的一级、二级、三级和四级，各年级拓展内容满分的，在对应年级上加一级，标记一级星、二级星、三级星、四级星，积够两次星级的标记为五级星，获得五级星的学生，才可以参加六级星考试。

(三) 平台与载体

1. 每周一次英语单词、句子积累反馈，英语教师负责，班主任协助。

2. 每学期一次英语单词、句子过级考试，英语学科主任负责，班主任和英语教师协管。

3. 每年一次英语节，活动包括学生展示英语课本剧、英语实景配音、口语大赛等。

4. 每学期抽检一次班级学生英语课本朗读情况。

七、强体魄

(一) 目标指向

树立健康第一的思想，培养学生自觉锻炼身体的意识，养成锻炼身体的习惯，形成克服困难的意志品格，掌握两项锻炼身体的技能，练就自身强健的体魄。

(二) 内容与要求

1. 根据不同年级学生年龄特点，选择合适的课外运动项目，如跳绳、仰卧起坐、俯卧撑、跑步、踢毽子、引体向上、足球、篮球、跆拳道、羽毛球等。制订个人每天锻炼的计划。

2. 根据学校场地器材，合理安排学校体育课内容，如篮球、跆拳道、跳绳、仰卧起坐、队列、体操。

3. 规范而有气势的大课间操，整齐而有朝气的队列。

(三) 平台与载体

1. 学生体质健康标准检测客观化，学校统一配备检测器材，体育教师客观操作。

2. 学生体质健康监测评优，设满分学生奖，集体合影，在大屏幕上展示，不达标的学生不得评选"华一好少年"。

3. 每年开展一次运动会、一次队列会操比赛、各单项比赛。

4. 评选体育健康优秀班级，作为三好班级评选的一项指标。

八、有才艺

(一) 目标指向

让艺术涵养学生的品格，让艺术熏陶学生的情操，创设追求美的环境氛围，让每一个学生都能掌握一项艺术特长，提升学生的艺术修养。

(二) 内容与要求

1. 口风琴——这一普及性项目，每个学生都要熟练掌握。

2. 成立古筝队、舞蹈队、合唱队、京剧队、书法社团、绘画社团、立铜画社团、衍纸社团、班级剪纸小组、班级绳文化小组、班级书法小组、班级古诗诵读小组、班级绘画小组、创艺手工小组，打造学校艺术特色。

3. 学生个性爱好通过社会培训机构进行训练。

(三) 平台与载体

1. "艺韵芳馨童心飞扬"校园晨曲展示。

2. 参加市区摇篮工程比赛。

3. 每年六月份举办一次校园艺术节。

4. 学校检测班级口风琴演奏和班班有歌声活动。

九、能自理

(一) 目标指向

自理是自强的基石，自强是成功的保证。让学生养成良好的自理习惯，培养自强的人生态度，形成适当的自理能力。

(二) 内容与要求

1. 自理家务。铺床、整理学习用具及桌椅、每周擦一次地板（3～6年级）、倒垃圾。

2. 学习用具收放有序。书包内书本文具储放有序、教室存储柜内物品摆放有序。

3. 每周一次的班级扫除任务按标准要求完成。

4. 每周一次校园劳动体验活动。

(三) 平台与载体

1. 评选自理习惯示范班级，分第一批和第二批，每学期评选一次，与学期三好班级评选挂钩。

2. 评选自理习惯示范学生，在校园电视台展播，在微信公众平台展示。

3. 编辑自理习惯养成小册子。

十、爱科技

(一) 目标指向

树立科技创新意识，培养学科学、爱科学的精神，开阔学生的科技视野，掌握课标中要求的科学常识及实验操作技能，能尝试小发明、小创造的实践。

(二) 内容与要求

1. 科学教材中演示实验与分组实验能熟练操作。

2. 每学期阅读一本科普读物。

3. 收集网上科技发明创造的实例，撰写科技论文。

4. 尝试一项小发明、小创造。

（三）平台与载体

1. 参加少年宫的科技比赛活动。

2. 校园科技节小发明、小创造展示。

3. 抽检实验操作。

第三节　学校纵横教学管理模式

近年来，义务教育得到了较为均衡的发展，学校经过布局调整，结构比较合理，已经形成规模办学的效应。但学校教学管理的传统组织形式难以适应当前课程改革形势发展的需要。针对这种状况，学校实施了纵横教学管理的新模式，在课程建设和管理方面积累了初步的经验，形成了学校管理的特点。

一、纵横式管理模式的构建

教学控制论强调以控制论的理论和方法来研究教学管理及过程。这对于改进学校教学工作、采用先进的科学的管理模式、研究最合理的管理制度、提高教学质量具有重大意义。纵横式管理的模式，就是按照教学控制论的标准所构建的高效性的职责权统一的教学管理系统。

学校教学管理的传统组织形式主要有学科组负责制和年级组负责制这两种。学科组负责制能发挥学科优势，对教学、科研和本学科的教学质量起保证作用，却无法解决学科之间的协调、平衡、发展的问题；年级组负责制能发挥年级中各学科的积极性，取得整个年级各学科的综合效益，但对学科教学的系统研究、指导却显得无能为力。针对这两种组织形式的不足，学校试行一种学科组和年级组纵横式教学管理的新的模式：校长室有关教学决策，通过教务处的职能转化成具体目标、要求、措施，直接贯彻到年级组和教研组，而每个教务主任分管一个年级的同时分插到一个学科，这样既管年级组又管教研组，一手抓各学科在一个年级的平衡发展，一手抓一个学科在各年级的质量，整个教务处把纵横两条线统一管理起来，形成一个矩阵式的学校教学质量保证体系。

学校把纵横管理职能归纳为"管""研""控"三个字，即年级组狠抓一个"管"字，学科教研组狠抓一个"研"字，教务处狠抓一个"控"字。"管"如何到位？每个年级组长要对年级的教与学情况了如指掌，要有明确的目标措施。年初定目标计划，分阶段检查督促。"研"如何要求？学科教研组长狠抓教学研究。用"研"来促进"教"，用"研"的成果来提高"教"的效益，使教研组的群体功能得到充分发挥，对整个学科教学质量负责。"控"如何规范？教务主任分插一个年级，在该年级上一门课，在第一线实行教学管理的全过程监控。矩阵式的管理，使教务处的职能得以充分发挥，学校的教学质量保证体系能更高效率运行。

二、纵横式管理的实施

（一）科学决策是纵横式管理高效运作的前提

1. 人事决策。要用好人，选择敬业爱岗、乐于奉献、精于教学、善于管理的同志担任中层干部和年级、学科组长。在此前提下，给他们下达直接的、明确的权力和职责路线，使每一职能部门能最有效地发挥作用。

2. 目标规划。目标制定必须适时、实际。

3. 制度保证。规范的制度可使工作由被动变主动，使管理人员有章可循。

4. 督导评估。对教务处的调控是否到位，教研组、年级组职能是否高效发挥进行督导，并对全过程进行阶段评估和总结性考核。

（二）全面调控是纵横管理高效运作的保证

纵横式管理不是管理层的重复，也不是管理线的分离，而是矩阵式、互补型优化的一种组织管理模式。要取得高效益，关键在于科学调控。在学校质量的总目标下，使每位教师在十分协调和谐的管理氛围中，发挥自己的最大能量。教学业务上问题由学科来帮，学科间矛盾由年级组解决，教与学的矛盾由班主任协调。教务处就是根据校长室的决策，通过不断调控，使纵横式管理高效运行。调控由教务处一手抓教学管理一手抓教学科研来实现，以深入调研督导、评估分析为依据，以学校目标为标准，通过年级组、学科组去落实，抓住备课组这个焦点来实现质量保证措施。

（三）优化职能是纵横管理高效运作的基础

纵横式管理使年级组职能优化，使教学总效益得以最大发挥。年级组在加强对班主任工作的指导、对年级教学质量监控的过程中，经常与各教研组协调教学中出现的问题。

三、纵横式管理的评估

纵横式管理中年级组的横向管理追求的是全面高质量，不出现差班和弱科。学校突出总体考核，突出群体功能的发挥，全体均衡发展，消除一些不平等竞争带来的教学上的负效应，使全体教学人员顾全大局，树立总体观念，取得教学的最佳综合效益。同时，在全面达标的前提下，提倡个人能力的发挥，对个人进行考评。

学校以高效优质的教学总目标，对纵横式管理的效益进行全面考核。年级组长、学科教研组长都以整个年级、整个教研组为单位进行达标考核，并制订学科教研组长考核评估细则，以全面提高学生素质为标准，对教研组群体功能的发挥，以及教学工作、教学质量、教研成果等进行考核和验收，对学科教研组实行阶段考核，对年级组学科间的平衡发展、培优补差等方面进行目标考核。

学校还在全面考核的基础上，实行专项考核。例如，优秀课评比中青年教师的好课评比、教学研究成果考核中的教研成果奖、教学质量考核中教学质量奖、培优补差考核中的转化率和优秀率、学科竞赛中的优秀奖等，有效地保证和促进了教学质量的不断提高。

第四节　发挥教学评价功能，促进师生健康发展

基础教育课程改革的相关文件指出，要"改变课程评价过分强调甄别与选拔的功能，发挥评价促进学生发展、教师提高和改进教学实践的功能"。由此可见，实现课程变革的必要条件之一，就是要建立与之相适应的评价体系。

一、学科教学评价指导思想

以面向全体师生、培养全面发展的人为宗旨，以有利于调动学校办学积极性、教师教学积极性、学生学习积极性为准则，以在评价中交流、在交流中学习、在学习中发展为途径，使学校真正成为教师发展的沃土、学生成长的乐园。

二、学科教学评价理论基础

教学评价是以建构主义理论、多元智能理论和发现学习理论为基础，对教育现象及效果进行价值判断，从而为教育决策提供依据，以改进教育服务的过程。

三、学科教学评价基本原则

1. 方向性原则。树立正确的教育观、人才观。
2. 科学性原则。实事求是地获取评价信息。
3. 全面性原则。抓住评价标准的全面性、过程性，全方位地收集信息。
4. 主体性原则。尊重被评价者的主体性，提高其在评价过程中的参与程度。
5. 可行性原则。评价指标、标准、方法具有可操作性。
6. 激励性原则。分层次、多元化地实施，使被评价者有望触及

目标。

7. 定性与定量相结合原则。运用模糊控制论对待不好量化的评价项目。

四、学科教学评价基本内容

学科教学评价主要包括教学思想、教学设计、课堂教学组织与实施、教学辅导与批改、教育科研与专业水平、学生学业评价与管理、教学绩效、教师教学基本功等相关评价内容。

五、学科教学评价基本标准

（一）教学思想的评价

新课程要求，教师要具有素质教育思想、"以学生为发展中心"的教学思想和民主的教育观念。要求教师面向全体，培养全面发展的人；引导学生掌握真正的研究方法和步骤；具有"蹲下身子和学生说话"的平等互动，"弯下腰来与学生探讨"的虚心互学，"竖起拇指给学生奖赏"的激励互助，"绽开笑脸当学生人梯"的宽容互爱。

（二）教学辅导与批改的评价

1. 作业量适当，难易程度以中等学生为基准。

2. 书写规范，在及时批改中使用"阳光评语"。

3. 既要有书面类的常规作业，又要有阅读积累、动手操作等实践作业。

4. 做到有发必收、有收必批、有批必评、有评必改。

5. 发挥年级组团结合作意识，精心设计导学案，体现辅导的高效化。

（三）教育科研与专业水平的评价

1. 以"科研引领、教研体现、注重过程、简约高效"为原则，依据学校大专题，展开以自身学科为依托，以人人参与为途径的各项子课题研究，再围绕专题，开展教研活动。学期末，分别上交教研展示课教案、说课、反思、案例式评课。

2. 开展科研专题培训、研讨活动，制订教师个人研修计划，撰写专题研究论文，交流教学故事。

3. 利用信息技术资源，发挥"名师引领"效应。

4. 提倡以自学为主、集中学为辅的理论学习方式，坚持写好《教学札记》、读书感悟。

5. 在基本功训练中，提升个人专业水平，记录教学基本功提升感悟。

（四）学生学业评价与管理的评价

采用多元化的过程性评价方式，分别进行日常评价、阶段性评价、年度综合素质评定。

1. 多元评价。制定学科、班级评比细则，设计符合学科特点的评价项目，充分发挥即时评价、成长记录袋、学业考试、特长展示的功能。

2. 定期反馈。在日评价、周小结、月汇总的基础上，班主任将各学科教师推荐的各科"月学科习惯优秀学生"进行汇总，评选出班级月"世纪之星"，在校园网进行公示。

3. 综合评价。将平时评价与期末成绩进行综合，学期末使用描述性语言提出希望，激发积极进取的精神。

（五）教学绩效的评价

1. 学生学科考试成绩评价

（1）严格控制考试次数。

（2）尊重教材，命题难易程度适中。

（3）严肃考风考纪，提高成绩可信度。

（4）定期进行教学质量分析。

（5）无考试项目的学科采取实践操作方式进行评价。

2.学生学科专项能力评价

（1）开展非笔试验收活动，体现教学活动功能化。

（2）强化听课力度，注重课堂效果反馈。

（3）学生学习习惯养成评价。

从学生的听、说、读、写、看、坐、立、行等方面制定训练细则，明确自主学习、积极参与、合作探究、遵守课堂规则、语言表述清晰等常规习惯的评价标准。

（六）教师教学基本功

1.一般教学基本功

板书、评课、说课、计算机操作等。

2.学科专业基本功

语文的朗诵，数学的计算，英语的口语等项目的验收，提升教师的理论水平及实际应用能力。

第二章 特色篇

第一节 赏识教育办学特色

一、让学生在赏识中走向成功——学校特色建设规划

（一）学校特色建设的重要意义

学校特色建设具有十分重要的现实意义，是基础教育改革的应有之义，是基础教育快速发展的内在需要，是推动学校发展的强大动力。随着教育事业的发展，学校特色化已经成为必然趋势，追求特色日益成为学校办学的重要目标。学校特色是学校文化内涵的体现，缺少内涵的支撑，特色就会暗淡无色，就只能浮在表面，没有生命的活力。

（二）学校特色建设的整体思路

赏识教育是一种开发潜能，同时保护孩子可持续发展资源（灵性）的教育。赏识教育是能让教育者和孩子共同快乐成长的素质教育。赏识教育是充满人情味、充满生命力的教育，是让所有孩子欢乐成长的教育。赏识教育是让孩子热爱生命、热爱时代、热爱生活、热爱大自然的教育。赏识教育的核心是爱，会爱，懂得爱——爱生命的全部！

赏识教育以其独特的魅力在教育中发挥着重要作用。因此，学校应以"赏识教育"为总体办学特色，营造"赏识"教育环境，搭建师生发展平台；加强课程建设，丰富"赏识"教育内容；开展多彩兴趣活动，让学生在"赏识"中走向成功。

（三）学校特色建设的主要措施

1. 赏识教育在学校厅廊文化建设中凸显主体地位

保持学校厅廊环境建设中的"赏识教育"主题设计，同时丰富赏识教育内容，分楼层进行厅廊环境建设：一楼为礼仪篇，二楼为立志篇，三楼为责任篇，四楼为奋进篇，同时为学生的英语学习和读书阅览构建平台，提高多功能厅的设备档次，为教学活动提供展示汇报平台。

2. 赏识教育思想在交流与辅导中内化为教师的教育行为

（1）每学期每位教师读一本赏识教育书籍。

（2）每月举行一次赏识教育思想交流会。

（3）开设赏识教育论坛，每位教师每月上传一份赏识教育的案例，并进行评论。

（4）校长每学期进行赏识教育思想的辅导报告，有针对性地指导教师如何运用赏识教育思想开展教育教学工作，报告中提及的校内赏识教育的典型事例，既让全体教师懂得了赏识教育思想，又在学校管理中客观弘扬了赏识教育思想。

（5）全校教师观看专家报告。

（6）形成了赏识教育管理案例集。《赏识教育——阳光评语》《赏识教育——教师与学生》《赏识教育——家庭教育案例》《赏识教育——教师管理案例》《赏识教育——学生与学生案例》。

3. 赏识教育内容在课程建设中体现

在完成国家课程的过程中，不断拓展国家课程的外延，使之达到校本化，是学校特色的重要组成部分。

（1）进行特色教学模式研究

学校的教学模式是学校办学特色的重要组成部分，是学校办学特色的有力体现。因此，学校对模式课研究进行认真的调整，并将其纳入赏识教育整体特色建设规划中，以《赏识教育中的学生自主学习课堂教学模式的研究》为重点，深化模式研究，推广研究成果，并形成理论体系，形成赏识教育课堂教学模式。

(2) 丰富校本课程，强化赏识教育

语文学科编辑学年段古诗文编目、推荐课外阅读名篇、编辑硬笔书法校本教材。数学学科编辑口算本、典型习题集。英语学科继续引进KK英语、编辑各学科英语导学案、英语过级视频范读光盘、英语晨读手册。体育学科编辑轮滑课程、乒乓球校本课程，体现体育精神与体育文化。艺术学科提高训练水平，定期开展艺术节，展示学习成果。

4.赏识教育在学校管理中的体现

(1) 完善教师评价机制，形成和谐进取的团队

不断完善的教师考核方案，为教师自身价值的体现和认可搭建平台。制定领导目标管理细则，让管理成为一种文化，使每位领导的工作得到有效监督，公正之下，让广大教师信服、按照规则去做。

管理与评价体现了指导性、研究性、督查性、发展性。30％的推优评比机制，减轻了评价者的压力，鼓励先进、表扬优秀给予了教师愉悦的工作心境。向15％的教师个别反馈问题，充分尊重教师的人格，实现指导与发展的评价宗旨。A、B两个级别的分项考核为管理层创造了和谐工作的空间。考核机制灵活，定量与定性、过程性与终结性、模糊性与确定性等评价方式要体现在教师考核之中，每次教师大会校长都要饱含深情地表扬学校中令人感动的人或事，并引发教师的共鸣，激发教师积极向上的工作情绪，创设愉悦的心境。考核成绩体现教师的自身价值，奖金、职称、先进、年度考核成绩等评定严格依据考核成绩。

(2) 形成赏识教育的学生评价方式，形成积极向上的学风

多元性评价：世纪之星评比活动中，礼仪星、孝敬星、健美星、环保星、智慧星、勤俭星、友爱星、进步星、自理星、勤奋星十颗星所覆盖的范围涉及学生的各个方面，让学生的每一点长处都有展示的空间。

潜能性评价：相信学生，让学生相信自己。每个人都有令人称奇的潜能，只要相信自己，就会迎来展示的时日。世纪之星中的进步星及学生成长记录袋就是潜能性评价的体现。

过程性评价：将学生在学习过程中的表现按照三维目标要求进行细

化，形成有学科特点的过程性记录，任课教师分阶段进行评比，作为世纪之星评比的重要依据，不仅注重结果，而且注重学生的参与过程。

（3）搭建赏识教育平台，提供自主发展的舞台

每学期开学典礼大会隆重表彰奖励世纪之星学生，学生受奖面接近1/3；组织丰富多彩的活动，每学年一次运动会、一次艺术节，每月一项单项体育活动、一次硬笔书法展，每学期一次作文竞赛、英语过级、古诗文诵读展示等，为学生展示自我提供自信的空间。

总之，学校要让"赏识"教育特色的创建过程，成为学校内涵式发展的过程。在这一过程中，形成教师与领导、教师与教师、教师与学生、教师与家长之间和谐的人际关系，创设积极进取的工作和学习氛围，享受精彩，张扬个性，树立自信，使昂扬向上、快乐清新的校园更加丰富多彩，让学生在"赏识"中走向成功。

二、走进赏识，走进和谐的教育世界

多年来，我校始终以尊重受教育者的个性为前提，以"信任、真爱、理解"为基础，用"激励、宽容、提醒"等方式，寻求人性中最本质的需求——渴望得到赏识、尊重、理解和信赖。通过对受教育者进行赞扬、鼓励与赏识，使其更好地认识自我、发挥潜能，最终实现自我发展。在运用赏识教育的过程中，学校反复尝试，不断积淀赏识教育的内涵，已初步形成了赏识教育的办学特色。

（一）以赏识教育为主题的校园环境文化建设

1. 校园绿化美化凸显赏识文化的气息

进入学校正门，在绿草、松球、垂榆形成的错落有致的绿化带上，雕刻有"赏"字和"恒"字的巨型文化石，将赏识教育的理念映入师生和家长的眼帘。

2. 厅廊环境设计彰显赏识文化的理念

步入教学楼大厅，刻有醒目"赏"字的屏风，让人耳濡目染赏识教育的思想，屏风上还刻有苏霍姆林斯基的名言："人类中有许多高尚的

品格，但有一种高尚的品格是人性的顶峰，这就是人的自尊心。对待孩子的自尊，要小心得像对待一朵玫瑰花上颤动欲坠的露珠！教育应该是充满智慧的，孩子的世界大多是天真无邪的，哪怕有一点尘埃，也需要我们用智慧去擦拭，去牵引。"以此来洗涤老师们的头脑。

二楼为学生荣誉橱窗，"今日群星荟萃，明日星光璀璨"几个鼓舞志气的大字与橱窗内学生绽放笑脸的照片，呼应着学校教育的归宿是学生幸福、快乐、自信、健康地成长……

三楼为教师简介橱窗，72名教师和领导，每人一句流淌着赏识教育思想的话语，向自己和学生承诺着赏识教育的思想。

四楼大厅展示着各个学年英语小博士的照片和学生的优秀作业。

3.教室环境布置成为赏识教育的乐园

（1）教室后墙左侧是世纪之星评比台

每一个班级根据学校搭建的世纪之星平台，设计出自己班级的世纪之星评比方案，每月评出10名星级学生，每学期四个月将评出40名学生，学期末在这40名学生中评出校级世纪之星10名，在开学典礼时进行表彰。

（2）教室后墙右侧是"我们的骄傲"展示台

"我们的骄傲"展示台，是学校为每个班级开辟的一个赏识自己和他人的平台，班主任可以将自己班级在学校比赛中收获的奖状或学生们在各项比赛中获得的荣誉展示在那里，让学生们相互了解优点和长处，以达到彼此鼓励和鞭策的作用。

（3）教室门前的展板

展板上每次展出1至2名学生，包括学生照片、个人简介、喜欢的格言、获奖证书等很多方面，每当看到学生一群群地围在班级门口看着这些照片时，站在旁边的照片主人将会是何等的骄傲和自豪。

每个班级中除了这些学校规定的布置之外，还可以根据自己班级的特点进行个性化设计，比如值日班长的自评表、值日生的自评表、课堂表现的评价表、评星晋级的晋级表等，这些都为展示学生的个性提供了广阔的平台。

(二) 以赏识教育为主线的校园内涵文化建设

1. 每学期每位教师读一本赏识教育的书籍。

2. 建立《赏识教育的案例集》《赏识教育——阳光评语》《赏识教育——教师与学生》《赏识教育教学模式集》。

3. 观看赏识教育专家周弘的录像。

4. 在顺城教育网创建博客，指导教师就"批评与教育的艺术""赏识与惩罚""赏识与自信""赏识与纵容"等问题展开讨论，统一思想，更新观念。

5. 建立赏识教育机制，完善学生及家长监督机制，开展学生专项问卷、家长专项问卷，设立学生与家长投诉信箱、投诉电话。完善学校管理机制，学生及家长问卷满意率低于90％、优秀率低于70％的，教育思想考核不能为A。学生或家长投诉核实的，教育思想考核不能为A。

6. 家庭教育也是学校教育的一部分，开展"教育孩子我能行"的征文竞赛活动等。

三、以"赏识"为办学理念，推动学校可持续发展

教育本身是一种思想，赏识能唤起心灵的共鸣，赏识能激发出希望的火花，赏识能把自信留在心底，赏识能激起奋进的力量！欣赏和交流能拉近心与心的距离，而最近距离的教育则是最好的教育。

一方沃土，精心耕耘；千万绿叶，摇曳生姿。如果把成长中的大自然小学比作充满蓬勃生命力的大树，那么，生活在其中的每一位教师每一名学生，就是一片片翠绿欲滴的叶子，在灿烂的阳光下散发着生命的光辉！作为一所新兴的学校，大自然小学耳濡了城东新区发展的佳音，目睹了抚顺经济发展的变化。以赏识教育为办学理念，从赏识学生、赏识教师、赏识家长三个层面创办赏识教育办学特色，在教育管理中体现人性化机制，在教育教学中倡导亲情式教育。学生在教师和家长赏识的目光下快乐健康成长，教师在领导和同事赏识的言语激励下迸发出忘我

的工作热情，家长在教师赏识的言谈中充满了希望。通过构建赏识的教育氛围，唤醒全校师生的自我意识，在这种宽松、和谐、民主、平等的环境中，体验到领导与教师之间、教师与学生之间、学校与家长之间共享知识、共享经验、共享智慧、共享人生价值的快乐，极大地推动了教育教学活动的可持续发展。

（一）校园设计别具匠心，营造宽松赏识空间

美丽的环境陶冶美丽的心灵。学校特别注重人文性的校园文化建设，从"以师生的发展为本"的高度，创建人文、快乐、生态、现代的新校园，体现"孩子是环境之子"的校园文化观念，让学校真正成为文化传承、精神积淀和思维创新的地方，成为思想与思想交流、情感与情感沟通、生命与生命对话的家园。正是这种富有情趣的校园文化与幽雅舒畅的师生心境的相互映衬，设备齐全的校园网与明快的校园节奏的相辅相成，营造了温馨、和谐的赏识氛围。

走进校园，你会感受到浓浓的书香，体会"最是书香能致远"的真谛！一楼正厅中那偌大的"赏"字，行云流水般地舒展着自己的身姿，彰显着 70 名教师的执着追求，而那古典的装饰、变换的字体，似乎又在向我们诉说中国最有魅力的语言——文字的发展，以及从远古到现代漫长的历史变迁……

走进校园，倾心静听，你会惊讶地发现，在走廊、在教室、在楼梯拐角，随处都能听到花开的声音；"别忽视你自己""我知道，来年我会长得更高""最珍惜书籍的人就是最聪明的人"等六十多句具有鼓励与启发作用的话语，宛如争相开放的花朵，使师生移步举目之间，便能受到智慧的启迪、哲理的熏陶，真正发挥了"让学校的每一块土地、每一面墙壁都会说话，都给学生带来美的熏陶，都发挥教育的功能"的导向作用。

走进学校，你会发现绚丽多彩的校园文化生活又构成了校园环境的一道亮丽风景线。在努力营造浓厚的文化氛围、陶冶学生高尚情操之余，学校注重促进学生个体的发展，以展现学生个性为出发点，以赏识

激励为手段,在各班教室门前设立了学生展板,给了学生自主的空间、体验的环境、展现的舞台,为每个学生创设发挥潜能的机会。

走进学校,每个学生和教师都会在充满人文气息的校园中,快乐地学习和工作;走进学校,健康的校园文化会陶冶学生的情操、启迪学生心智,构建师生健康人格,促进师生全面发展;走进学校,校园生活的每一项活动,都将渗透、弥漫着浓郁的文化气息;走进学校,将走进笑声朗朗、书声琅琅、歌声朗朗的乐园。

(二)"走向生本"多元评价,积极搭建展示平台

在日常教学中,学校要求教师不要吝啬赏识的目光,用心发掘每一个学生身上的闪光点,激发他们学习的兴趣和生活的自信,从而快乐学习,幸福成长!为此,学校遵循教育教学和学生身心发展规律,把"赏识中真情付出;体验中快乐成长"作为学校德育工作的主题,从多角度拓展德育工作途径,力争在日常的教育活动中,不露痕迹、潜移默化地使学生的情操得到陶冶、潜能得到开发、兴趣得到培养、个性得到张扬,处处折射出"一切为了每一位学生的发展"这一教育理念。

1.继续以"世纪之星"评选为载体,积极开展形象工程。改革评价制度,集自评、组评、家长评、教师评于一体,激发学生摘星的热情与渴望,进而主动投入学习活动之中。同时,运用家校联系卡、录音等形式,本着写优、写实不告状的原则,真正评价学生的实际表现,以利于学生的后继发展。形成德育工作网络化、制度化,寓德育于活动之中,吸引教师、学生主动培养道德情操,注重学生自主管理、自行设计、自我教育,使文明礼貌、大方有礼在校园蔚然成风。

2.开发德育校本课程,进行文明礼仪和日常行为规范的深层次和多角度系列化教育。充分发挥学校广播站的优势,利用晨会时间,以每周5分钟经典片段教育为切入点,引领学生走向文明。同时根据学生的心理特点和年龄特点,找准切入点,师生合作,捕捉现实生活中的闪光点进行脚本创编,并将有榜样作用的生活原型搬到屏幕上来,达到深层次的教育目的。

3.张扬个性，树立自信，以班级展板为窗口，为学生创设展示的平台，让每个孩子都能有机会体验到被认可的感觉。

4.完善"成长记录袋"，鼓励学生将成长过程中的难忘瞬间、快乐收获装入成长记录袋中，获取终身美好记忆的幸福源泉。

5.改变整体划一的管理方法，注重班级特色发展，通过重心下移，提升德育工作的实效性。鼓励各中队开展形式各异的"讲文明、树新风"活动，并评选出班级乃至学校的"文明学生"，进而培养良好的行为习惯，提升学生的素养。

6.通过"学生形象工程多棱镜"透视各班纪律、卫生及文明行为各方面的表现，用摘苹果的方式，把简单的数字、表格变为学生喜闻乐见的图画形象，激发学生参与学校各种德育活动的积极性与主动性。坚持日检查、周评比、月总结的原则，把评比结果通过达标的形式，作为班主任管理和学校评优的主要依据。

7.改革评价机制，提倡阳光评语。无论是操行评语还是学生日常的习作、日记，学校提倡运用阳光式的评语进行评价，翻开那一页页习作本，打开那散发着芬芳的一册册优秀阳光评语集，让师生充分感受春风流荡的和煦，感受生命放飞的和弦！

8.开展丰富多彩的校园活动。"一切为了每一位学生的发展"是每次活动的宗旨；"搭建展示平台，彰显学生特长"是每次活动的目的。每学期一次开学典礼上，伴随激昂的颁奖曲陆续登台领奖的"世纪之星""新三好""优秀学生干部"的身影，使学生体验到了成功的快乐；每年一次的趣味健身运动会，使学生体会到了健康的愉悦、体育的魅力；大型原创诗歌朗诵，使学生体验到校园生活的美好、合作的乐趣；在师生集体游园活动中，不仅使学生了解了自然景观，更使学生受到了爱祖国、爱家乡的教育……回顾这些活动的开展，不难发现，校园里的学生是在快乐与希望、尊重与鼓励中体验着成长的乐趣、成功的喜悦。"成就每一名学生，让每一名学生都成功，让每一名学生都梦想成真"，将是学校永远不变的追求！

(三)"走向师本"促进提高,细节教育熠熠生辉

教育是塑造心灵,成就生命的事业,它的成功更需要关注"细节"。因为教育的细节集中而鲜明地体现着教育理念,是透视教育理念的放大镜。只有细节,才能让教育真实,也只有细节,才能让教育生辉!

教师是一个学校发展的关键,是学校的生命和活力所在,精神和力量所依。要引导学生快乐发展,教师首先应该成为快乐发展的榜样,教师言传身教是一种最现实、最生动、最鲜明、最有力的教育手段,它时时刻刻在构建着不易觉察的隐性道德情景和行为规范,对学生良好习惯、品德个性的形成有着深远的影响。

1. 强化理论学习,更新教师观念

学校购买了赏识教育创始人周弘的讲座光盘和书籍作为培训资料,有计划地培训教师,使广大教师在万分感慨与激动中接受和了解赏识教育,并在这种教育思想影响下不断改变着教育教学方式。课堂中教师亲切期待的目光、学生犯错时教师严厉但宽容的面庞,都是赏识教育痕迹的展现,遍及学校教育教学的各个方面和各个环节,贯穿于教育教学的全过程之中。

2. 以师德建设为重点,强化师资队伍建设

学校的发展离不开教师的素质,而教师的专业发展更需要依托高尚的师德,尊重与关爱每一个学生是每一位教师最起码的职业良知,而更深层次的师德则表现为一种责任——一种教书育人的责任,为此,学校将教师的文化修养与人格魅力作为学校的隐性文化的重要方面来影响学生。学校注重教师的职业道德建设,通过举办师德演讲、观看师德光盘等多种培训方式,强化教师的指导与服务意识,衷心地希望每一个学生都能在教师的视线中看到希望,增强自信。

3. 让学生爱上老师——用人格魅力影响学生

同样一种行为,如果用生硬的说教,周而复始地教育也达不到目标,可是一旦发挥了教师的人格魅力,就会不露痕迹地使学生在形象感悟中进行转变。为此,学校不仅制定了《大自然小学教师形象标准》,

而且还以形象工程为载体，树立大自然小学品牌意识，实施了名校、名师、名生"三名"工程。通过形成一支业务精良、师德高尚的教师队伍，保障学校各项工作的顺利实施。

4.通过评选"我最喜欢的老师"活动，转变师生关系，拉近学生和教师的距离

每学期都开展学生、家长对教师的测评活动，并从满意率和优秀率双方面进行总结、评估，采取学校考核与学生评价相结合的方法，加大奖励力度，促进教师自我发展，进而促进学校内涵式发展。

（四）努力形成教育合力，更新观念共同提高

为了培养学生健康向上的性格、积极向上的心态，锻炼和发展他们的能力，在提倡赏识教育的同时，学校没有忘记健全"学校—家庭—社会"的网络机制，进一步规范家校的管理。

每学期学校都会召开家长会，通过办讲座、做报告等形式对家长进行培训，与家长共同形成教育合力。在理论联系实际的培训中，在真实感人的事例中，家长产生了心灵的震动，了解了赏识的内涵，理解了学校、教师教育孩子的方向与良苦用心，教师和家长形成了心灵的共鸣，不断改变教育方法。正是这种思想和行为的融合，学校才真正将赏识教育深入开展下去，在和谐中让教师、学生、家长享受生活、享受生命、创造未来！

以班级为单位评选在赏识教育活动中表现优秀的家长，召开"家长经验交流会"，请一些进步大的优秀学生家长做经验介绍，让其他家长多吸取些教育方法，互相学习，这种做法在实践中取得了非常好的效果。

我们期望看到学校里每一名孩子的潜能，在赏识中生发激荡；学校里每一名教师的个性，在赏识里轻舞飞扬；每一名家长的创新，在赏识中插上飞翔的翅膀；学校的天空会永远飘荡着孩子们欢乐的笑声，大自然小学永远流淌出"赏识与和谐"的教育思想。

四、在赏识中创建和谐的校园

近年来，赏识教育逐渐在教育思路与方法上启发人们，关注学生的心灵世界，用赏识开启人生的智慧之门。基于人文主义的关怀，赏识教育诠释了对人性的赏识、理解、爱与尊重等精神诉求，成为基础教育领域的又一浓重的惊叹号，激起人们的深思。然而，如果融赏识教育于学校的日常实践，赏识教育如何开展才能达到有效的教育目的？在这一点上，学校经过几年来的不断探索，把赏识教育从单纯的教育方法提升为一种教育理念，同时将构建和谐校园与赏识教育办学理念结合起来，为赏识教育注入了丰富的人文内涵与教育意蕴，值得广泛借鉴和学习。

（一）多维赏识理念的和谐并存

学校办学伊始，就富有创意地将赏识教育从一种教育方法提升为极具时代特色的教育理念，丰富和发展了赏识教育内涵，同时提炼出赏识教育五大理念，为和谐校园的建设奠定了理论基石。

1. 激发潜能，满足内心需求

激发学生的内在无限潜能，释放无穷潜力。教师运用正确的方法，营造积极的学习环境氛围，满足学生内心需求，才会使学生有学习动力，培养自驱型的学习模式。

2. 允许失败，承认差异

营造宽松和谐的学习环境，教师要相信学生终有成功的一刻，帮助学生在跌倒之后学会自己爬起来。从某种意义上说，就是让学生在宽松和谐的环境中享受失败。

3. 批评中的鼓励

赏识本身是学生最渴望的精神需求，教师不仅要表扬、鼓励学生，也要实事求是地进行批评教育，同时讲究批评的艺术性与分寸。

4. 可持续发展

如果把学生无形的生命比作一棵树，在生长之初，它接受的赏识多，所得到的养分就充足，成长就快，等到长成一棵参天大树时，就能接受风雨的洗礼了；若它接受的批评指责多，那它弱小的身躯就无法抵挡风雨了。赏识是给学生以力量，让他有勇气去面对生活中的一切挑战。

5．赏识他人、赏识社会

赏识教育首先强调教育者赏识学生，让其充满自信地对待学习。同时也重视引导学生用赏识的眼光去看待他人、看待世界，去发现这个世界的美，产生赏识自己、赏识他人、赏识这个世界的良好心态，从而实现人与人、人与自然的和谐相处。

(二)"科学、民主、人文、开放"的和谐校园实践

1．按教学规律和身心发展办学

在办学特色上，学校制定了符合本校实际的五年发展规划，深层次挖掘文化内涵，加大校园软硬件设施投入力度。在学生学习生活上，遵循小学生的身心发展特点，严格执行正常作息时间，控制课业负担与考试次数，并提炼出赏识教育十大教学策略，即"激发情感；平等亲和；创设情景；激励发现；参与互动；合作探究；体验成功；自主开放；差异体现；多元评价"，有效调动了一切有利于学生发展的积极因素。在思想道德建设上，学校摸索出一套适合本校实际的"回归—参与—尊重"式赏识德育模式，同时利用这一契机，深入开展赏识教育的课题研究与校本教研活动，赢得了学生家长和社会的广泛赞誉。

2．推进校园民主化进程

建立人人参与的和谐民主制度。引导学生自主管理、建设和谐班级，学生干部采取自主竞选方式产生，实行任期轮换制，期末由学生对教师实行评分制度，文明班级和先进班级的评选均由学生参与投票；发挥教代会的作用，形成民主平等论证机制；向教师征求意见，定期对重要决策执行情况进行跟踪反馈。

3．以人为本的赏识实践

为拓展和谐校园的内涵，学校根据新课标的要求，重点开发了以"人人有特长，班班有特色"为目标的校本课程培养模式。该模式最大

的特点是把赏识教育和特长培养紧密结合，让特长培养课程化，尽可能激发学生潜能，张扬学生个性，提高学生整体素质，促进学生的和谐发展。经过实践，有一大批学生在省市级特长比赛中分获大奖，从而更加坚定了学校全体师生的实践热情。对弱势群体的关爱与扶持方面，学校实施了困难学生"爱心工程""后进生"的"交心工程"、德育导师制、学科帮教制、小组竞赛制等，营造问题学生健康成长的良好环境。在师生心理健康方面，学校将心理健康教育纳入学校课程计划，每周开展心理健康教育，每月开展心理健康教育沙龙，成立了学校心理健康教育辅导咨询中心，以"心语室"和"心之友"信箱、"心语相约"热线为载体，提供心灵交流沟通的平台，开展心理健康日活动，开辟"心之声"广播栏目、"心之路"宣传专栏等学生自我教育阵地。

4. 开放和谐的校园系统

学校通过致家长公开信、召开家长会、成立三级家长委员会、评选十佳好家长、百名教师访千家、向家长征集赏识教育金点子、开通"家校通"短信联系平台、建立社区教育委员会、学生服务社区、学校社区联手举办活动等形式，广泛地向家长、社区居民宣传赏识教育，把家长和社区都纳入赏识教育的方阵中来，扩大了赏识教育的实施面和影响力，提高了家长、社区对赏识教育的认同感和实施赏识教育的能力，发挥了赏识教育的资源整合与校际辐射作用。

5. 温馨和谐的书香环境

沿着和谐校园的思路，近年来学校着力打造书香校园，校园建设的每一个细节都体现文化品位，彰显用文化经营学校的独具匠心。硬件方面，进行大规模校园改造，积极营造赏识教育显性文化，真正把师生对赏识教育与和谐校园的认同融于一体。学校无处不流露着江南园林式的古朴典雅而又充满家庭亲和力的和谐之美，演绎出传统与现代完美融合的人文气息。校园软环境方面，学校以建设学习型教研组为推动，为每位教师订购专业杂志，开展电脑培训，增设电子备课室；以"主题教研活动"为契机，促使教师阅读最前沿的教育信息，了解最新的教育理念；以教师技能比武为促进，模式汇报课、新教师评优课、论文案例评比等一系列活动为教师专业素养的提高提供了条件。另外，学校还在每个班级设立图书角，定期的读书主题班会、读书演讲比赛等活动让学生的阅读气氛更加浓厚，为和谐校园增添了独特的书香情调。

在赏识教育的推进下，学校有了更加丰厚的文化意蕴。以赏识为动力，用爱来浇灌，浸润在校园馥郁的书香里，知识在这里澎湃，智慧在这里激荡。相信在这样的书香校园中，师生们必将带着乐观、优雅、从容的信心，朝向更加开阔的人生目标前进。

五、赏识教育让孩子从这里启航

走进校园，一股浓浓的赏识教育气息扑面而来。校园里，赏识教育文化处处彰显；课堂上，赏识教育已贯穿到各学科教学中；活动中，赏识教育处处体现……赏识教育的成果已写在了孩子们幸福的脸上。建校以来，学校始终把赏识教育作为学校的办学特色，以尊重受教育者的个性为前提，以信任、珍爱、理解为基础，用激励、宽容、提醒等方式，将赏识教育渗透到学校教学、管理等各方面，使校园的天空永远飘荡着孩子们欢乐的笑声。

多年来，学校以赏识教育理念为基础，设计了很多综合实践课程和课外活动，让这些活动成为学生优势智能的展示舞台，激发学生自信，促进学生更好地发展。学校举办的运动会、艺术节、英语节、班级体育比赛、班级古诗文诵读、班级升旗演讲、班班有歌声活动等，让更多的学生拥有被赏识的机会。赏识他们在体育、音乐、写字、口语表达等方面表现出来的优势；赏识他们的积极参与、奋勇争先的集体荣誉感；赏识他们的谦逊、宽容；赏识他们看问题的眼光；赏识他们敢说真话的勇气；赏识他们勇于接受挑战；赏识他们对美的热爱和追求。赏识如同阳光一样，洒在校园的每一个角落，让每一个享受到阳光的孩子都能够体会到学习的快乐。

如今，赏识教育像一颗种子，已深深地植根于学校管理工作的方方面面；像一棵幼芽慢慢地成长在每一位教师的心中；像一泓清泉静静地流淌在学生幼小的心灵深处。"赏识教育"已成为学校的办学品牌。

第二节 学校德育特色

一、依托《中小学德育工作指南》校本化实践推进学校德育品牌建设

《中小学德育工作指南》（以下简称《指南》）是指导中小学德育工作的规范性文件，是学校开展德育工作的基本遵循，校本化实践就是将其与校情、教情、生情紧密融合，以此推进学校德育品牌建设，实现立德树人根本任务。

（一）明晰《指南》目标，梳理层次清晰的德育目标系列

《指南》总体目标、小学低年级目标、小学中高年级目标明确了学校德育工作的方向，将这些目标按小学低年级和中高年级两个年段，分解目标要点，并将这些要点与《指南》五项内容和实施途径进行选择性梳理，构建《指南》目标系列、内容系列、实施系列和管理评价系列融为一体的整体框架，形成学校德育工作的统筹规划机制，德育生成性与实效性凸显。

（二）全面丰实，让德育内容呈现小、近、实、新的鲜活性

以国家课程为核心构建校本化三级德育课程体系，涵盖德育五方面内容，设计安排与校情、教情、生情紧密融合的小、近、实、新的校本化德育内容，让学校德育的土壤更加丰沃。

1. 红色基因——播种理想信念

红色童谣、红色歌曲、红色影片、红色阅读、红色记忆、红色故事、祖国辉煌成就等融入拓展德育资源，丰富而鲜活的内容让课堂更加生动，让活动更加丰盈，让校园文化更加具有感染力与生成性。

2.好少年——践行社会主义核心价值观

《行必果——好少年成长体验手册》以守规则、懂礼仪、爱读书、强体魄、好书法、好口才、好英语、有才艺、能自理、爱科技十个自我成长项目的体验为载体，覆盖学生综合素质发展的各个方面，让学生在体验中快乐成长。

3.传承经典——传承中华优秀传统文化

中华优秀传统文化博大精深，是中华民族的根，传承经典就是延续民族之魂。古诗文诵读与背诵、戏曲进校园、书法进课堂、中华传统美德故事系列讲述、传统节日体验等让传承绽放校园，让经典润泽童心。

4.绿"点"行——形成健康文明生活方式

每天节电一点点、每天节水一点点、每天低碳一点点、每天垃圾少一点、私家车少开点、一次用品少用点、光盘行动多一点、爱护母亲河多想点，生态文明在行动中烙下深深印迹。

5.善自我——养成健康心理，形成健全人格

着眼于学生发展，遵循学生身心发展规律，安排系列心理活动内容，如心理活动课、沙盘体验、心理咨询、远离毒品、珍爱生命、立志视频、心理阅读广场。

（三）追求实效，构建有效校本德育实施系列——按照《指南》实施的六种途径构建德育实施系列

1.以课程引领为支撑，生成自然而生动的校本化课程育人系列

（1）聚焦高效课堂，生成自然而生动的道德认知、情感、意志和行为

不忽视任何一个学科，让每一个学科都充分释放育人的功能。组织教师从单元和课时两个层面梳理各个学科的德育融入目标，编辑成册，使教师在课堂教学架构的设计中，对德育目标的融入有系统而充分的思考与安排。教研科研一体，形成课题引领下的高效课堂，高效课堂是以教研与科研为滋养，以学科为单位，每个学期一个课题，以课题为引

领，实效性探究德育融入的高效课堂模式，是学校教学科研一体化的常态工作。关注学科特点，让道德情感与认知的生成自然而生动，遵循学科本位，艺术性生成道德元素，让德育影响在学科知识技能的掌握以及过程方法的探究中自然融合，让德育影响的艺术性与生成性成为课堂教学的导向。

（2）整合国家课程中的德育资源，课程内容呈现全面而生动的校本化特性

交叉类课程整合，梳理国家课程和地方课程中交叉重叠的课程，制定整合分类表，将其有序归一，避免重复。拓展性整合，依据学科德育目标，拓展课程德育资源，通过资源链接、课外搜集、校本课程融入等形式实现德育资源的拓展。

（3）落实校本德育课程实施的节点，彰显校本德育常态化实施的有效性和生成性

合理分解与整合校本课程内容。将校本课程内容作为相关国家课程与地方课程的拓展资源，制定适合校情的调配分解目录，列入学科教学计划予以实施。例如，《中华优秀传统文化读本》中的相关课题，学校系统分解到语文、道德与法治和人与社会学科之中，这种整合既保证了中华优秀传统文化的学习与传承系统化，又丰富了相关学科的课程资源。

灵活安排校本课程的课时与师资。有些校本课程需要独立的课时予以保证，如社团课程、文明礼仪手册、节日纪念日课程等，学校通过课服、晨会、10分钟短课等形式，保障校本课程实施的落实。

2.走向实践基地，生活即德育在实践体验中升华

学校充分发掘地域性教育基地的资源，将其列入综合实践活动课程之中，与其有机融合，统筹安排时间与地点，让学生在整个小学阶段完成所有选定基地的实践体验活动，不重复、不缺失，让实践体验活动成为学校德育工作的传统。

整合实践教育资源，让实践体验活动真正成为行走的课堂。实践体

验活动的安排计划于年初印发给全体教师，明确实践活动的整合学科，由学科任课教师在活动前一周和后一周完成实践活动的教学整合，主要是实践活动基地简介、实践活动任务布置以及实践活动结束后的体验总结。学生搜集相关资料、课堂预设拓展、召开主题班队会等融入实践活动之中，实践参观活动的教育性与生成性更加生动而深刻。

3.丰富校本活动系列，让校园成为学生学习与生活的熔炉

（1）精心设计主题性活动系列，生成学生铭刻于心的记忆并升华触碰心灵的情感

建国周年庆典、建党百年华诞等重大主题性活动，在相应的社会背景下开展，具有广泛的影响性和深刻的教育性。

（2）学生劳动体验活动系列，培养学生良好的劳动习惯与劳动意识

校园种植园体验活动。学生在翻地、施肥、播种、植苗、除草、浇水、采摘等劳动操作中培养劳作技能与习惯。活动通过记观察日记的形式，完成与科学学科课堂教学的整合，以此让学生了解作物的生长习性，增加对农作物知识的了解。

校园清洁区劳动体验活动。每周周五中午时间，校园内的每一处场所成为学生的劳动体验区，每班安排四分之一的学生轮流参加劳动体验活动，学生在清洁劳动中体验劳动的辛苦，养成劳动的习惯，形成会清洁的劳动技能。

家务劳动体验活动。每一个学生要选择至少一项家务劳动体验项目，班主任通过家长反馈平台，鼓励与督促学生完成家务劳动任务，这是一种持续的劳动观念的影响，是学生受益终身的劳动习惯的养成。

教室储物柜整理体验活动。学校将教室内每个学生的储物柜作为一个实践平台，制定储物柜物品摆放要求，建立检查评比机制，以此培养学生养成良好的摆放有序的习惯。

（3）校园学科节活动系列

"书香"——浸润学生心灵的校园读书节；"陶冶"——惠及每一个学生的校园艺术节；"启智"——推开数学王国大门的校园数学节；"萌

动"——开启创新航程的校园科技节;"强体"——生命因健康而精彩的校园体育;"自理"——自立源于自理的校园劳动节。校园节蕴含育人思想,牵动全校师生心弦,聚焦小舞台,放眼世界,美好的未来从这里启航。

(4) 校园仪式活动系列

入学仪式——今天我是小学生了;入队仪式——红领巾伴我成长;毕业仪式——感恩母校,放飞希望;开学典礼仪式——启航明天,始于足下;升旗仪式——心灵洗礼,祖国在我心中;离校仪式——相约明天,寄托美好。仪式的记忆深刻而生动,仪式的熏染浓重而久远,启迪与明志在仪式中瞬间点燃的那一刻,我们悟到了教育的温馨与情怀。

(5) 志愿者服务活动系列

建立学雷锋志愿者服务团队、环保小卫士志愿者服务社团、开放书架图书管理志愿者服务社团、爱心慈善志愿者服务社团,让奉献、担当、向善、博大等良好的道德素养在践行中体验升华。

4. 凸显"静"与"动"的校园文化,让文化的影响更具浸润感与生成性

(1)"静"的校园文化,追求"随风潜入夜,润物细无声"的育人境界

以"孩子是环境之子"的育人理念架构校园环境文化,一楼是理想信念主题——根植红色基因;二楼是社会主义核心价值观主题——争做新时代好少年;三楼是生态文明主题——感受生存与生命;四楼是心理健康主题——播种健康心田;五楼是中华优秀传统文化主题——璀璨中华文明。楼层主题文化板块的设计,既有主题鲜明的图片与文字,又有学生体验活动的画面与说明,凝固性与生成性相得益彰,充分体现环境对学生潜移默化的影响。

各班级文化墙由室内与室外两部分组成,室内以"行必果——华一好少年自主成长体验"为主题板块,展示各个班级好少年成长的风采;室外以德育五项内容为主题板块,每月一个主题,学生用喜欢的方式呈现主题丰富而生动的内容。

(2)"动"的文化，推崇"体验与共鸣，分享与践行"的育人理念

"艺韵芳馨童心飞扬"校园晨曲展示文化。欢快的歌声、激情澎湃的诵读声、悠扬与摇滚交相辉映的器乐声、自如洒脱的表演倩影……这是校园晨曲文化的魅力。学校拟定主题，班级创新表现形式，每个班级展示一周，有学生个人展示，有班级集体展示，时间统一在早晨7:50—8:00，地点设在一楼大厅"艺韵芳馨童心飞扬"展示舞台。学生每天上学步入校门的第一时间，就浸润在艺韵芳馨的文化之中，这里充满了分享、充满了自信、充满了成就与成功……童心在里飞扬。

(3)"行"的文化，内化于心、外化于行是德育的目标指向

教室内"行必果——华一好少年成长体验"主题展板，印记着学生综合素质成长的体验痕迹，十项目标要求明晰具体，每人一本手册，周评、月评、学期评，评价周期形成定式，组评、家长评、师评倡导赏识鼓励性评价，展示板上呈现的是学生身上的亮点，学生获得的是更多的成功性体验，带来的是行为上的内化与进步。

5.合力"三位一体"，创设以充氧时空为平台的家校协同育人网络

(1)家庭德育网络

①家长学校——充氧家长

一句话也许会改变一个人的一生，这就是理念。家长是孩子的第一任老师，家长的理念对孩子的成长起着强大的影响力。创办家长学校、丰富家长育人知识是学校的重要工作之一。一是家长会，主要安排有专题培训报告、成功家长现场感悟报告、校长办学思想报告等；二是网络培训，主要通过微信群、钉钉群等网络媒体，将典型育人案例或家庭教育方法进行分享，学校建立家长学校组织机构，有计划地开展家长学校的日常网络培训和阶段性主题培训工作。

②家长开放日——家校共鸣

让家长了解学校，了解孩子在学校的学习和生活，让学校与家长在育人目标上形成共鸣。每学期一次的家长开放日，家长参与听课、班级

活动策划与组织、读书阅读检测、英语口语检测、古诗词诵读检测、校内劳动体验、研学体验等活动，例如，在"单排停车文明接送"活动中，家长志愿者团队参与到学校管理之中，协助学校管理的同时，为广大家长和学生做出样板。这种家校协同育人形式，一方面有利于家长对学校能提出建设性的建议，另一方面更有利于家长与学校在育人上形成合力。

③亲子活动——陪伴是最好的家教

关注与陪伴无须过高的学识，却是最好的家教。小手拉大手生态文明践行活动、亲子读书活动、亲子运动会、亲子旅行展示活动等，在活动中让亲情融于血脉，让心与心之间无缝无隙，最近距离的教育才是最好的教育！

(2) 社会德育校本化网络

充分挖掘社会德育资源，建立适合学校活动的社会实践基地，设计常规性实践系列表，让实践活动常态化开展。目前，学校已经建立了十几个社会德育实践基地，有雷锋纪念馆、抚顺国防教育基地、抚顺人民英雄纪念碑、抚顺平顶山惨案纪念馆、九一八纪念馆、辽宁省博物馆等，定期组织开展参观实践活动。如一年级和二年级每年到雷锋纪念馆活动，三年级和四年级每年到抚顺平顶山惨案纪念馆活动，五年级和六年级每年到沈阳九一八纪念馆活动等。

①关注人本，运行高效的校本管理与评价机制

《行必果——华一好少年自主成长体验手册》

《行必果——华一好少年自主成长体验手册》是学生综合素质全面发展的体验平台，坚持去做、果敢去做，立志少年就是校园里最亮丽的风景。

落实校规与班规，在奖惩机制中促进学生成长；印记美好痕迹，在体验中点燃希望与自信。每学期开学典礼好少年颁奖仪式、读书节上读书小博士授奖仪式、体质健康达标证书颁发、家务自理星级认定等为学生创设了自主成长的空间。

《质为本——教师绩效考核手册》

教育质量是学校的生命，而质量提升的保证是拥有专业的教师。专业的精通源于勤奋，《质为本——教师绩效考核手册》将教师引向专业，将专业的教师引向育人的每一个空间。

教师本身就是最为生动的德育教材，教师身上流淌的高尚的道德素养是最为宝贵的德育资源，而这种资源的开掘既源于教师本身已有的修养与认知，也源于学校的研训与学习，《质为本——教师绩效考核手册》便是二者良好的平台与载体。

《效居先——学校管理手册》

没有目标的管理是盲目的管理，没有操作流程的管理是随意的管理，没有评价与反馈的管理是无效的管理。《效居先——学校管理手册》呈现了"三线合一"的学校管理模式，落实"行必果——华一好少年成长体验系列"活动，为学生快乐成长的主线；实施"质为本——教师绩效考核机制"，为教师成功发展的主线；运行"效居先——领导目标管理机制"，为学校和谐发展的主线；学生层级、教师层级和领导层级的管理"合力归一"，指向立德树人的根本任务。

《中小学德育工作指南》校本化实践，让校园丰盈而生机盎然、学生快乐成长、教师享受成功、学校和谐发展，擎起培养能够担当民族复兴大任的时代新人的历史重任，学校将锐意进取，砥砺前行。

二、丰富校本德育活动，促进学生综合素质全面发展

丰富的校本德育活动是流动的多彩课堂，在活动中让学生丰富认知、激发情感、锤炼意志、践行良好行为，是学生综合素养全面发展的重要途径。学校以"行必果——华一好少年成长体验手册"为平台和载体，以开展丰富的校本德育活动为有效途径，融德、智、体、美、劳"五育"为一体，使学校德育工作在有效性和生成性的轨道上平稳运行。

（一）健全常规活动管理，加强养成教育

常规德育活动是学生良好行为习惯形成的丰沃土壤，习惯决定命

运，让养成教育成为常态。

1. 编写活动手册，以课程引领活动

学校编写的《校园仪式活动手册》《文明礼仪活动手册》《学校一日行为规范活动手册》，简明扼要地明确了各项活动要求和活动形式，让教师导有范本，让学生行有规范。

①《校园仪式活动手册》。新生入学仪式——今天我是小学生了；毕业仪式——感恩母校，放飞希望；开学典礼仪式——启航明天，始于足下；升旗仪式——心灵洗礼，祖国在我心中；离校仪式——相约明天，寄托美好。这些仪式活动阶段性与连续性的统一、坚持承接与创新的结合，形成了学校的文化，让教育的每一个节点都能链接到学生生命成长中的那份美好，于回味中荡涤心灵，向往美好未来。

②《文明礼仪活动手册》。礼仪是一个人修养的自然流露，《文明礼仪活动手册》按家庭礼仪、学校礼仪、社会礼仪三部分共 90 个条款介绍了礼仪规范，条款清晰，通俗易记。

③《学校一日行为规范活动手册》。按入校时间，对学生一日校园生活规范提出了明确要求，易记易懂。

2. 拍摄活动示范性短片，以示范明晰认知

文明礼仪系列短片、日常行为规范系列短片等，直观而生动地呈现了常规德育的规范与要求。短片拍摄指向小主题，注重示范性与审美性的结合，时长不超过 5 分钟。短片在晨会时间播放，学校与班级有针对性地选择各个阶段的主题。这种小视频融示范性与审美性于一体，让学生明晰要求与形式的同时萌生道德情感，为践行体验活动铺垫了良好的情感基础。

3. 搭建活动参与体验平台，以评价养成习惯

《行必果——华一好少年成长体验手册》是学生校本德育活动的评价载体和平台，设有懂礼仪、守规则、爱读书、好书法、好口才、善思维、有才艺、强体魄、能自理和爱科技十项体验内容，涵盖德智体美劳各个方面，学校通过自评、组评和师评的形式，发现每一个学生身上的亮点,让学生体验成功、建立自信。

每学期开学典礼好少年颁奖仪式、读书节上读书小博士授奖仪式、体质健康达标证书颁发仪式、家务自理星级认定等仪式,拓印着美好的足迹,孕育着希望的蓓蕾,在体验中促进成长,引导和激励着学生综合素质的全面发展。

(二)活跃校园文化活动,促进学生全面发展

以活动为载体的校园学科节系列活动,让学生徜徉在知识的殿堂中,为学生学科拓展学习与实践体验创设了广阔的空间,让求知伴随着孩子们的成长。

1."书香"——浸润学生心灵的校园读书节

每年四月,书香校园的气息浓郁而芬芳,亲子阅读展示、经典阅读展示、故事讲述、读后感演讲、读书等级认定、书香家庭评选、读书小博士颁奖等活动浓缩了学生一年的读书成果,让阅读浸润学生的心灵,让活动扬起阅读的风帆。

2."陶冶"——惠及每一个学生的校园艺术节

每年六月,是学生展示艺术特长的季节,让每一个学生拥有一项艺术特长,为每一个学生搭建展示特长的舞台,让每一个学生在艺术陶冶中健康成长。

"艺韵芳馨,童心飞扬"校园晨曲展示活动,以班级为单位,每学年每个班级展示一周,展示时间为每天早晨上学时段,步入校园的学生伴着优美的乐曲、欣赏着艺术的展演走进各自班级,开始一天的校园生活,这是一种美的分享。艺术的氛围惠及每一个学生,点亮每一个学生生命的前程。

3."萌动"——开启创新航程的校园科技节

每年九月,校园航模展演、车模展演、电脑机器人展演、学生科技小制作作品展示等活动有序进行,科技宣传栏走进校园,学生参观科技宫活动,开阔了学生科技视角,丰富了校园科技启蒙的育人色彩。

4."强体"——生命因健康而精彩的校园体育节

以校园节的形式凸显强健体魄的育人环境。运动会以学生身体素质展示为核心，让学生感受运动的魅力。借助运动会的氛围，对学生一年来自主锻炼的成果进行表彰，激励学生自主锻炼身体的积极性。如一分钟跳绳竞优班级、一分钟仰卧起坐竞优班级、体质健康标准达标优秀班级、年部篮球比赛优秀班级以及各个单项优秀运动员，以此全面促进学生体质健康水平的提高。

（三）开展文化主题教育活动，培养学生良好品质

以理想信念教育、社会主义核心价值观教育、优秀传统文化教育、生态文明教育和心理健康教育为活动主题，精心设计重大主题性系列活动，生成学生铭刻于心的记忆并升华触碰心灵的情感。

1.精心设计纪念日主题活动，让每个纪念日留下深刻的印迹

新中国成立周年庆典、建党百年华诞等重大主题性活动，都是在相应的社会背景环境中开展的，具有广泛的影响性和深刻的教育性，学校能抓住教育的良好契机，精心设计与有效实施主题性教育活动，教育的有效性和生成性更为明显。例如，2021年是建党百年华诞，学校从教师层面和学生层面设计与实施了主题鲜明的活动，如红色童谣学党史、红色故事学党史、红色影评学党史、红色书籍学党史、寻找红色记忆学党史、红色歌曲学党史等，这种根植于心的教育活动，让红色基因传承在学生的血脉之中

2.有机融合专题活动与节日活动，呈现教育的有序性和系统性

国防教育、安全教育、法治教育、环保教育、劳动教育、诚信教育、节约教育等专题教育，与相关的节日主题活动相融合，更能体现教育的系统性，也会让专题教育在氛围浓郁的节日背景中产生更好的教育效果。例如，环保专题教育与3月12日的植树节和6月5日的世界环境日主题教育活动融合在一起，专题教育既能体现序列性，又在融合中

呈现更为丰厚的内容。

3. 坚持传承主题性活动，注重活动的稳定性与连续性

主题教育活动成为学校德育活动的常态，被列入学校工作计划，在教师的工作列表和学生的成长轨迹中形成定式，又与节日活动相融合，活动与活动的链接，既有经验与文化的传承，又有时代与创新的智慧结晶，成为学校的传统，形成学校文化。

(四) 丰富文化实践活动，生活即德育在实践体验中升华

走进实践基地，开展系列主题实践活动，最好的课堂在路上，成长的历程在生活的熔炉中淬炼。

1. 参观体验活动

学校充分发掘地域性教育基地的资源，统筹安排时间与地点，让学生在整个小学阶段完成所有选定基地的实践体验活动，让实践体验活动成为学校德育工作的传统。（学校确定的实践基地有抚顺雷锋纪念馆、抚顺市国防教育基地、抚顺人民英雄纪念碑、抚顺平顶山惨案纪念馆、雷锋旅军营、九一八纪念馆、新宾赫图阿拉城、抚顺市毒品预防教育中心、热高乐园、皇家海洋馆、孝良艺术馆、抚顺工业博物馆、沈阳野生动物园、沈阳科技宫、辽宁省博物馆）。学校将各个年级参观实践活动安排在不同的年份，保证学生在小学阶段完成对每个基地的实践体验活动。

2. 考察探究活动

以综合实践活动课程为依托，灵活开展考察探究活动，在考察中增长知识，在考察中培养行为习惯。

在教师组织下设计考察提纲，以班级或小组为单位开展考察探究活动。例如，节约调查与行动，组织学生到学校食堂调查了解每天剩菜剩饭情况，通过考察，学生增加了节约意识；带着问题去春游（秋游），在游玩中让学生关注环保问题、生态问题、家乡的变化等，把课堂知识与考察见闻相融合，在活动中生成良好的道德素养。

3. 社会服务活动

在学生的心灵中播撒服务的种子，让学生体验到为别人服务的愉

悦。我是校园志愿者、学习身边的小雷锋、走进敬老院福利院、做个养绿护绿小能手、交通秩序我维护、赛会服务我参与、扶助身边的弱势群体、做个环保志愿者等服务活动的开展，让学生体验到了服务别人的快乐，提升了学生的道德素养。

4. 劳动体验活动

自理才能自立，学生良好的劳动习惯与劳动意识，在系列劳动体验活动中形成。

校园种植园体验活动。学校创建了29个校园种植园，每个种植园虽说只有2平方米的面积，但却足以满足学生对农作耕读的体验与学习。

丰富的校本德育活动是生动而多彩的课堂，每一次参与都会印迹深刻，每一个印迹都会积淀不用刻意追求的美好，心灵的洗礼、学生综合素质的培养，在学校丰实的校本德育活动中悄无声息地伴随着。

三、丰富校本德育活动促进学生素质发展

丰富的校本德育活动是流动的多彩课堂，在活动中让学生丰富认知、激发情感、锤炼意志、践行良好行为。学校系统构建与高质量实施常规德育系列活动，校园文化系列活动，主题教育系列活动及实践体验系列活动，融德、智、体、美、劳"五育"于一体，立足于立德树人根本任务，促进学生综合素质全面发展。

（一）开展常规德育系列活动，加强习惯养成教育

常规德育活动是学生良好行为习惯形成的丰沃土壤，习惯决定命运，让养成教育成为常态。

将常规德育活动的典型事例和示范要求，以微视频的形式呈现给学生及家长，以示范明晰认知，凸显习惯养成的实效性与高效性。学校以少先大队部为阵地，成立媒体中心，设立脚本创编组，专题拍摄组、编辑制作组。

（1）录制规则规范类微视频，让教师导有范本，学生行有规范

将《文明礼仪活动手册》和《行必果——好少年成长体验手册》中

的相关条款录制成微视频，时长不超过 5 分钟，在晨会时间播放。学校与班级针对不同阶段的教育重点，有选择地播放不同的主题视频。如每学期开学第一周，集中播放"华一小学生一日行为规范微视频系列 10 集"，学生能很快从假期的松散状态回归到校园的有序活动。这种小视频融示范性与审美性于一体，灵活便捷。

（2）制作榜样示范类微视频，让习惯养成教育生动而系统

最好的影响者是同伴，发现德育常规活动中的典型事例与人物，将其制作成微视频，通过学校微信公众号和校内大屏幕进行展示，让全体学生受到激励，萌生积极向上的情感。每月推选 10 名优秀学生，每学期评选出榜样人物，让榜样的力量助力学生良好习惯的养成，让学校习惯养成教育生动而系统。

（3）创设习惯养成活动评价体验平台，以评价促进良好习惯养成

《行必果——好少年成长体验手册》以周评、月评和学期评的方式，让每一个学生体验成长中的快乐。学校倡导赏识激励性评价，无论是自评、组评还是师评，都筛选学生成长中的亮点，谁的亮点多就推选谁为周评星级学生；每月累计按年部推选 10 名校级星级学生在校园大屏幕上展示；每学期召开一次开学典礼大会，隆重表彰好少年学生，每班 12 名受奖学生，全校 500 余名受奖学生逐一上台领奖，让学生分享成长的快乐，体验付出与收获的价值。

（二）活跃校园文化系列活动，促进学生全面发展

1. 校园学科节文化活动

如每年 11 月举办的校园数学节，借助特色数学节活动，将德育寓活动之中，在活动的每一个细节中，结合传统数学文化之韵、现代数学文化之美等，激励学生在数学活动中，磨炼顽强意志，树立远大理想。

（1）"'悦动数学'一班一特色"展示

各班围绕一个主题元素或几个主题综合元素，通过 5 分钟的展示，呈现本班数学特色，体现数学之美、文化之韵，展示德育与教学深度融合的特色。

激情魔方——体现现代数学之韵。

魔幻速叠杯——动感数学，魔幻世界，向吉尼斯世界纪录发起挑战。

数学集成板——从简单的数学符号到 3D 电影、GPS 卫星定位。

趣味汉诺塔——让欢乐与智慧同行，数学与梦想同在。

创意七巧板——展现祖国古代数学之美，文化之韵，渗透传统文化教育。

数学巴学园——拥有健康心态，快乐、自信地生活在数学巴学园。

奇妙火柴棒——动手、动脑展思维，智慧乐园显奇妙，发展核心素养。

百变魔尺赞祖国——在小小的魔尺中，蕴藏着热爱祖国的童心。

破阵横刀立马——智取华容道，穿越古今，再回三国时代，传承经典文明。

（2）"数学吉尼斯 PK 挑战赛"

孔明锁、魔方、九连环、数独、七巧板、魔尺（36 段）等项目的尖端对决，星耀校园，实现了校园文化与数学实践活动的完美融合。

（3）"我的数学我做主"创意数学设计

数学电子小报、数学思维导图、数学节徽标设计、"数"的世界创意画设计、魅力图案设计、妙用统计图、创意钟表等创意数学设计项目将学生引向奥妙无穷的数学王国。

2. 校园晨曲展示活动

让艺术与审美伴随每一名学生的成长，学校推出了"艺韵芳馨，童心飞扬"校园晨曲展示活动。以班级为单位，每个班级每学年展示一周，展示时间为每天早晨上学时段，展示地点设在教学楼一楼大厅展示舞台，每天安排一次班级集体展示和三次学生个性艺术特长展示。

集体展示以经典诗文吟诵为主体，将艺术性融入民族器乐、歌舞、武术、戏曲等传统艺术。每个班级每学年只能轮到一次展示机会，各班级格外珍惜和重视这种展示活动。这是班主任和家长智慧的体现，每个班级都有家长组成的团队，策划、导演、排练、服装、音响、剧务等均由家长协助老师共同完成；这是惠及每一个学生的综合性展示活动，每个学生都有自己的角色，主持、吟诵、书画、戏曲、舞蹈、武术、弹奏等与经典吟诵相融合，浑然一体，学生个性特长尽情展示。这是跨学科的艺术整合，音乐与诗文融合，书画与歌舞相伴，历史与现实穿越等；这是期盼中的反复演练与精品呈现，每个班级都会提前筹划和演练，学生利用假期或双休日演练节目、背诵诗文；这是一种艺术的分享与陶冶，步入校园的学生伴着优美的乐曲、欣赏着艺术的展演走进各自班级，开始一天的校园生活。艺术与美相约在校园晨曲，点亮学生生命的前程。

（三）开展主题教育系列活动，培养学生良好品格

精心设计重大主题性系列活动，生成学生铭刻于心的记忆并升华触碰心灵的情感。以理想信念教育、社会主义核心价值观教育、优秀传统文化教育、生态文明教育和心理健康教育为活动主题，结合校本实际，体现活动小、近、实、新的特点，丰富活动形式，注重活动的生成性与实效性。

（四）合理安排节日纪念日主题活动，让每个节日留下不同的印迹

将节日和纪念日分成重大纪念日、传统节日和常识性节日三部分，结合节日纪念日的特点，适时开展形式和规模各不相同的教育活动，让每个节日留下不同的印迹。

例如，2021年为庆祝党的百年华诞，学校从教师层面和学生层面设计与实施了主题鲜明的活动，一年级红色童谣学党史、二年级红色故事学党史、三年级红色歌曲学党史、四年级红色书籍学党史、五年级寻找红色记忆学党史、六年级红色影评学党史等，这种根植于心的教育活动，让红色基因传承在学生的血脉之中。

又如，国庆节学校策划了系列爱国主义教育活动：一年级——国旗国旗我爱您主题活动；二年级——国歌，我心中的歌主题活动；三年级——追寻家乡红色记忆主题活动；四年级——寻祖国成长足迹主题活动；五年级——家事国事天下事主题活动；六年级——祖国历史铭记我心主题活动。

第三节　学校美育特色

一、让美的花蕾在校园的每一个角落绽放

美会带给我们怡人的心境，美会使生活更加甜美而绚丽，美是每一个生命体中蕴含着的花蕾，美育就是美的生命源泉。为学生铺垫幸福美丽人生，让美育融入学校工作的每一个环节，让美的花蕾在校园的每一个角落绽放，是新时代校长的使命与职责。

（一）创建校园艺术环境，浸润师生向美心灵

学校带着"孩子是环境之子"的育人理念，创建艺术化的校园环境，让师生在环境的浸润中受到美的陶冶。校园环境的建设力争体现绿化、净化、艺术化和人文化的思路，创建以绿色为主旋律，以和谐为主题的具有浓郁艺术风格的校园景观、厅廊文化、教室韵味。从造型设计到布局考究，从内容安排到字斟句酌，从艺术场景呈现到作品画面展示……校园的美育意识、艺术追求、审美陶冶，编织成美丽的校园风景图画。

各楼层创设主题鲜明的厅廊文化。如一楼的健康图板、二楼的书香浓郁、三楼的网络天地、四楼的科幻长廊，每个楼层都给学生搭建了展示与交流的平台，就连楼梯缓步台处的墙壁都设有让人回味无穷的艺术性与哲理性相结合的壁画，让每面墙壁都成为美育的使者。

通过创设艺术性的校园文化，充分发挥环境育人的导向功能及激励塑造功能，让校园艺术环境时时浸润师生向美的心灵。

（二）挖掘课程审美元素，呈现课堂美育色彩

美的元素存在于每一个课程，美的色彩会在课堂中呈现。艺术教育是实施美育的载体，而艺术教育包括艺术学科（音乐和美术）在内的所有学科，它们都蕴含着美的元素。例如：音乐蕴含着旋律的美、节奏的美、音色的美、姿态的美等；美术蕴含着色彩的美、线条的美、构图的美等；语文蕴含着词语的美、意境的美、联想的美等；体育蕴含着力量的美、动作的美、健硕的美等。这些美的元素需要教师去潜心挖掘，并

能艺术地在课堂教学中恰当呈现。

1. 注重师资培训，提升教师美育素养

课堂教学是对学生进行美育的主阵地，没有课堂教学的审美浸润，就不能实现对学生完美人格的塑造。这就需要对教师进行专项培训，让教师掌握任教学科美的元素，并能够在课堂中呈现这种美的色彩。当然，音乐、美术和书法学科是艺术学科，对这类教师的培训要加上专业的砝码。

学校以"教师课堂教学美育技能发展"研究为着力点，坚持实施"十二个一"工程，促进教师的专业成长。这"十二个一"包括了教师成长的三个过程：一是丰富底蕴的过程，包括达到一项扎实有效的美育技能教学基本功的提升；拥有一本自我提升、自我发展的课堂美育学习笔记。二是实践反思的过程，包括构建一个"变厚为薄"的学科美的元素知识体系；完成一节美育课堂的学科教学设计；上一节体现美育理念的教研展示课；写一篇能够促进教与学美育共鸣的有价值的教学反思；进行一节有美育理论高度的"案例式"评课。三是总结提升的过程，包括拥有一本有自我提高足迹的教学札记；整理一个能感动自己、打动别人的教育、教学故事；写一篇有价值的研究性论文；建立一个循序渐进的教师教学与培训的成长档案。

为将"十二个一"教师培训活动落到实处，学校以校本教研为载体，引导教师将"十二个一"活动与教研、科研工作有机结合，加强专业引领，开发校内资源；加强集体教研，发挥骨干作用；深化总结反思，实现资源共享，使教师的日常工作过程成为其专业发展的过程。

2. 开展美育教学研究，丰富课堂美育成色

课堂教学是课程中美的元素转化为学生审美素养的主渠道，无论是艺术学科的课堂还是其他学科的课堂，只要课程中美的元素在课堂教学中得到艺术的呈现，课堂中美育的成色就会丰富，学生就能够得到美的熏陶。

开展课题研究创建美育课堂，能够从美育专业的高度引领学校课堂教学的研究，例如，学校开展的"课堂美育元素的提炼与呈现"课题的

研究，使所有学科教师增强了教学的美育意识，对课程中的美育元素产生了敏感性，有了善于发现美的眼睛，形成了美育的教学技能，美育课堂由课题组辐射到全体教师，学校形成了创建美育课堂的良好氛围。

常规教研活动将课堂美育成色作为课堂教学的底色，无论哪一主题的研究，课堂教学的底色都是美育的成色，以此推进学校全面创建美育课堂工作。

（三）开展多彩兴趣活动，提高学生美育素养

学校在美育的广阔天空中，本着"三充分、两结合"的原则，开辟出了一条具有学校自身特色的培养学生美育素养的有效途径。"三充分"即充分发挥教师的特长优势，集中成立相关培训小组；充分发挥家长特长优势，制订家庭培训计划，学校提供展示平台；充分挖掘地区人才资源，汇集艺术院校、社区的艺术教育优势资源。"两结合"即活动与教学相结合，普及与提高相结合。

1. 学校艺术教育

学校艺术教育的宗旨是激发每个学生的艺术兴趣，发掘每个学生的艺术潜能，造就学生的完美人格。只要学生有兴趣，有学习的愿望，不会过分地强求学生的基础有多么高、是否有很大的培养价值，学校都会尽量满足学生的要求。因为学校把基础教育阶段学生的兴趣培养放在了第一位。每次看到学生们兴高采烈地来到各自喜欢的小组活动，孩子们幸福、欢乐的神情，使我们感受到了孩子们在艺术教育面前得到平等权利的骄傲。

2. 社团活动，美育摇篮

艺术活动是美育的途径，学校成立了花儿舞蹈队、畅想器乐队、活力无限健美操队、童声合唱队、七彩画室、GOGO英语屋、兰亭书法组、乒乓球队、轮滑队、田径队等社团活动小组，社团活动内容丰富多彩，形式多种多样，学生参与面广。各种社团活动的开展，提升了学生的美育素养，社团成为学生美育的摇篮。

例如，畅想器乐队是学校社团活动的特色，其专业技术性比较强，但对于那些非常想参加而基础又不是很好的同学，学校采取梯队训练方

式，安排专业教师进行分层次培训。多年来，畅想器乐队稳定发展，两次获得省器乐比赛一等奖。

3.特色活动，寓美于乐

校园艺术节是学生艺术成果的荟萃，是展示学生艺术才华的平台，是学生体验艺术收获的盛会。艺术节是美的序幕，从班级层面到学校层面，每个学生都将走上艺术特长展示的平台，如绘画、书法、摄影作品类欣赏，声乐、舞蹈、器乐类的现场表演，演讲、课本剧、朗诵类的展示，荟萃的是精华，追求的是审美。每一届的艺术节在"人人都来参与，人人都展才艺，人人都有收获"的寓美于乐的目标追求中，实现了学生审美素养的提升。

(四) 实施学生艺术素质测评机制，塑造学生完美人格

学校依据课程特点和新课标对美育目标的要求，制定符合学校和学生实际的艺术素质测评项目和测评指标，让学生在评价中体验艺术成就，进而产生艺术的兴趣，形成艺术技能和修养，生成完美人格。学校艺术素质测评项目和测评指标，应该追求简单可操作的理念，学科广泛评价与艺术专项评价相结合。例如，学科广泛评价可由学科教师在平常的教学中进行积淀性评价，而艺术专项评价可通过规定专项测评和自由展示测标进行评价。专项测评与学校实际结合，学校有特色的项目可以列为专项，如口风琴、葫芦丝、竖笛、竹笛等器乐；自由展示项目是学生自己擅长的艺术项目。测评的目的是引领和激励，是让学生走向更高的审美境界和艺术天地。

学校是艺术花开的天地，是陶冶审美情操的殿堂，让每一位教师都成为美的使者，将美的元素化作艺术的清泉流向学生的心田，让美的花蕾在校园的每一个角落绽放。

二、加强艺术教育，让学生在"赏识"中走向成功

学校将"赏识教育"这一核心理念渗透到各项工作之中。在艺术教育方面，注重"以美育人、以美启智、以美健体"，从而使校园中处处展现美、时时孕育美、人人追求美。

（一）营造艺术教育环境发展

以人为本，发展健康心理，形成健全人格，是提高学生整体素质的必经途径。学校特别注重人文性的学校文化建设，本着"校园的天空飘荡的永远是孩子们欢快的笑声"的办学追求，从"以师生的发展为本"的高度，创建人文、快乐、现代的校园环境，力争让学校真正成为思想与思想交流、情感与情感沟通、生命与生命对话的家园。

走进校园，您会发现学校正在努力实践着"孩子是环境之子"的育人理念。校园环境的建设力争体现绿化、美化、净化、人文化的思路，创建以绿色为主旋律，以和谐为主题的具有浓郁艺术风味的校园景观，体现出了全校师生的共同思想、共同情感、共同的审美观，构成了美丽的校园风景图。

多功能厅专用教室的设备齐全，教室内的布置更是经过学校的深思熟虑，还有那光洁的地板、可升降的黑板、落地的背投、环保的课桌椅都在无声地诉说着学校为了学生一切发展所重视的每一个细节。

通过创设良好的学校文化，充分发挥环境育人的导向功能及激励塑造功能，从而构筑学校全体师生生命发展的平台。

（二）加强艺术课程建设，丰富艺术教育内容

1. 优化专业师资培训，深化课堂教学改革

课堂教学是对学生进行艺术教育的主阵地，没有课堂教学的高质量，就不会有艺术教育的高质量。除了以法规的形式保证艺术课开齐、开足之外，学校还制定了严格的课堂教学常规管理，使每个学科都能够渗透美、播撒美。

学校现有美术教师3名，音乐教师4名，其中市级骨干教师1名，区级骨干1名，区级名师1名。每一名教师都有一技之长，都能独当一面，基本功底扎实，具有一定专业知识和创新精神，多次代表区、市参加省、市教师基本功大赛，均获得了好成绩。

学校以"教师专业化发展"研究为抓手，坚持实施"十二个一"工程，促进教师的专业成长。

为将"十二个一"工程落到实处，学校以校本教研为载体，引导教

师将"十二个一"活动与教研、科研工作有机结合，加大专业引领，开发校内资源；加强集体教研，发挥骨干作用；深化总结反思，实现资源共享，使教师的日常工作过程成为其专业发展的过程。

2. 规范校本课程建设，拓宽艺术教育渠道

（1）"班班有歌声"是在省、市艺术教育工作指导下开展的一项重要活动，针对此项活动的特点，学校每周安排两节15分钟小课用于"班班有歌声"的演唱，并结合"校园歌曲大联唱"活动，由音乐教师在统一推荐的歌曲集中选定有利于学生健康成长、文明向上的10首歌曲，由音乐教师协助班主任按月完成教唱任务。学校每月验收一次，学期举行一次"班班有歌声"的评选，孩子们自豪的神情、优美的歌声、富有特色的艺术造型，无不展现了孩子们童年生活的快乐。

（2）书法之美是传承中华传统文化，对学生进行美育教育的重要组成部分。学校将软笔书法列入课时，聘用专业的书法教师执教，让书法艺术在传承中发扬光大。

（3）轮滑和乒乓球全面进入体育课堂，成为学校的校本课程，每周一节轮滑课和乒乓球课，每个学生在校园的体育活动中能够掌握两项体育技术，更为可喜的是学生在体育运动中感受到了运动的美，在感受美中强健了身体。

三、戏曲文化筑根基，打造艺术品质教育

文化在传承中丰盈，艺术在积淀中绽放。"戏曲进校园"是文化的传承和艺术的积淀。新华一校以"戏曲进校园"作为传承中华优秀传统文化的切入口，紧紧依托校本实际，创新拓展校本资源，开展丰富的戏曲活动，持续建设特色课程，不断创新戏曲项目，搭建广泛的展示平台，让戏曲走进课堂，走近师生，让戏曲文化浸润童心，馨香校园。

（一）凝聚共识，用高效的管理呵护美

2017年国家发布《关于戏曲进校园的实施意见》等一系列政策文件，为校园开展此项活动提供了政策引领与制度设计的依据，也为戏曲进校园工作的开展打下了良好基础。学校坚持以美育人、以文化人，提

升学生审美和人文素养。学校把"戏曲进校园"作为一项系统工程，建立了由校长统筹、分管副校长主抓，教导主任、班主任、艺术教师负责落实的管理机制，明确责任，层层落实，责任到人，全体师生积极参与，保证戏曲艺术工作顺利、有序、高效开展。学校先后制定了《新华一校艺术课程实施方案》《艺术教育管理制度》《艺术社团活动纲要》《学生艺术素质评价手册》《专业教室管理制度》等文件，每项制度均有很强的操作性，从而保障活动的顺利开展。

（二）润物无声，用浓郁的戏曲艺术氛围浸润美

艺术环境不仅是衡量一所学校办学水平的重要标尺，也是艺术教育发展策略的重要平台。学校十分重视环境的打造，通过美化环境将艺术融于孩子的生活。对学生进行审美教育，学校资源内外统筹。加强艺术活动阵地建设，倾斜经费投入，装修装备了戏曲社团活动室、美术创作室、校园艺术剧场等，更换多媒体教学设备、音像资料，演出服装及时更新、保养。

"戏曲健身韵律操"的普及使校园戏曲艺术氛围更加浓郁，学校将其作为每日大课间活动的第二套健身操，学生做操的过程中不但能感受戏曲的韵律美、姿态美、神情美，更能通过手腕运动、转体运动、造型动作等运动方式使身体得以充分锻炼。学校通过"一项培训""三个结合""一个坚持"的普及策略，完成了这套操的初步普及工作。"一项培训"就是每班先期培训2名领操员。"三个结合"即课上与课下相结合，音乐课上教师专业性指导，课下学生互助性学习；集中指导与视频模仿相结合，学校利用大课间时间由音乐教师集中指导练习，学生在家中或教室内通过视频模仿巩固练习；展示与评价相结合，学校利用大课间时间让每个班级逐个展示，并评选优秀班级。"一个坚持"就是将"戏曲健身韵律操"作为大课间活动的第二套健身操坚持做好。

（三）因地制宜，用过硬的艺术素养创作美

戏曲进校园离不开专业教师的引领。学校重视艺术教师师资队伍建设，着力打造一流的教师团队。学校现有艺术教师9名，他们责任心强，业务水平精湛。每一位教师带一个社团，计入教师任课课时，每个

学期社团有成果展示，每学期的艺术社团活动、参加各级比赛获奖情况等与教师绩效考核相关，有效调动了教师工作积极性和主动性。学校有幸得到戏曲艺术传承公益使者、抚顺满族艺术剧院著名京剧表演艺术家方芳老师的扶助，芳芳老师每周到校一次，义务培训教师，悉心指导学生，在她的精心指导下，学校京剧社团成为学校戏曲文化的品牌。

（四）协同育人，用多彩的戏曲课程培育美

课程是学生打开世界的载体。课程设置体现戏曲传播与美育、语文学科跨学科融合。课程设置中有学校层面的校本课程京剧、泥塑、立铜画、衍纸社团，每周一次，周二15:00—16:00，班本课程有5（2）班剪纸、4（1）班《曲苑梨园》，从监督管理到平台搭建都向纵深方向推进。充分挖掘和运用各学科蕴含的体现戏曲审美特质和民族精神的美育资源，努力实现常态化、机制化。

例如，美术课上教师带领学生画戏曲人物、画京剧脸谱等，画家闫旭外出学习去西安将戏曲作为绘画题材，京剧团演出前画面留在他的作品里。泥塑、衍纸等社团创作了以戏曲为主题的小专题作品。

课程内容选取我国经典的、大家较为熟悉的唱段，让孩子们从小就和京剧结缘，并从中感受祖国国粹的博大精深。京剧校本课的开设，培养了一批批小京剧迷，课程开展得有声有色，让戏曲艺术文化为校园生活注入一泓清泉！

通过开展以"中华文化—戏曲文化—京剧"为主线的"戏曲进校园"系列主题活动，以"华一讲台宣、校本社团画、各级舞台演"的平台联动，实现"文中有戏"戏曲进校园征文比赛、"画中品戏"戏曲进校园绘画比赛和"镜中观戏"戏曲进校园摄影比赛，家庭、学校、社会协同实施，多元参与；利用发展式评价模式，例如学校开展"国学经典与戏曲相伴"的诵读活动，每周一班展示，琅琅诵读声中说出千年内涵，唱出亘古传承，心韵相通。感悟高雅艺术，提升综合素养。通过综合性课程实现唱、念、做、打熔为一炉，诗、画、歌、舞集为一体，让传统文化滋养学生心灵。

戏曲的内涵、艺术的积淀是一个逐步浸润的过程。学校通过升旗仪式、主题班会等提高学生道德素养，培养学生民族精神，增强文化自信。

利用发展性评价，引导形成艺术爱好。例如，制定华一好少年成长手册，由校领导和音乐教师组成联合评价小组，其中一项会跳戏曲操，会弹奏一首乐曲，将评价结果记录在学生综合素质报告单，纳入教师考核成绩。组织了"走进名团，赏析名剧"等活动。

（五）品牌带动，用鲜明的个性展示美

多年的耕耘，戏曲进校园品牌带动作用凸显。学校先后被评为教育部优秀文化艺术传承学校，"筱筱京剧团"的孩子们参加省市区演出十余场。2018年在"德艺双馨"第14届中国文艺展示活动辽宁赛区荣获一等奖，2019年5月荣获"蒲公英"第十九届青少年优秀艺术新人选拔活动辽宁赛区金奖。先后参加了辽宁省《传承的力量》学校艺术教育弘扬中华优秀传统文化节目的录制、市教育局举办的中华优秀传统文化展演、抚顺市流动少年宫校外服务基地优秀节目展演，学校在区域内发挥引领辐射作用，2019年召开了顺城区"非遗进校园"启动仪式、顺城区教师节庆六一文艺演出表演及教师节演出，表演戏曲联唱《梨园新蕾》。2019年，京剧团的孩子们参加了辽宁省"蒲公英"少儿春晚的录制和抚顺市新年戏曲晚会的录制等。越来越多的学生被戏曲的文化魅力吸引。

文化是一个国家、一个民族的灵魂。文化兴则国运兴，文化强则民族强。没有高度的文化自信，没有文化的繁荣兴盛，就没有中华民族伟大复兴。戏曲是中华传统文化的瑰宝，汲取其精华，让戏曲艺术陶冶学生高尚的道德情操，让戏曲文化滋养深厚的民族情感，五育并举，立德树人，新华一校将筑牢戏曲文化根基，在打造艺术品质教育的课改征程中，求索创新，砥砺前行。

第四节　体育、艺术"2+1"特色学校

一、生命因健康而精彩，生活为艺术而纷呈

如果有人问世界上最美的东西是什么，我会毫不犹豫地说——是健康的生命；如果有人说生活为什么这样甜美，我会说，因为我们拥有了

欣赏美的目光、追求美的心境、创造美的才华……正是健康和艺术的存在，我们的生活才精彩纷呈。秉承着这样的办学理念，学校在全面实施素质教育的进程中不断地收获着欣喜，燃烧着希望。

（一）实施目标与认识

实施体育、艺术"2+1"项目是为贯彻《国家中长期教育改革和发展规划纲要（2010－2020年）》的要求。体育、艺术"2+1"项目（以下简称"2+1"项目）是通过学校组织的课内外体育教育和艺术教育活动，让每个学生在九年义务教育阶段能够掌握两项体育运动技能和一项艺术特长。实施"2+1"项目，对学生养成积极参加体育锻炼的习惯，提升审美素质和心理健康素质，陶冶情操，都能起到积极的促进作用。

（二）依据学校实情确定项目内容

学校现有体育教师6名，其中省骨干教师1名，篮球专业1名，擅长乒乓球、田径和健美操的各1名；音乐教师4名，擅长器乐、声乐和舞蹈的各1名；美术教师4名，其中省骨干教师1名，书法专业教师1名。学校于2006年铺设11000平方米的塑胶操场，操场采用平面塑胶材质，适合学校开展轮滑运动。根据师资和场地实际，学校设定"2+1"项目内容为：

体育类

必修项目：轮滑、乒乓球。

选修项目：篮球、足球、跳绳、田径、长跑。

艺术类

必修项目：口风琴、书法。

选修项目：铜管乐、舞蹈、声乐、健美操、动漫画创作。

（三）做好宣传，产生共鸣

进行有效的舆论宣传，让学生、教师和家长产生参与的热情。

（四）围绕特色项目，突出"提高"两字

1.制定项目标准，明确认定办法

轮滑、乒乓球和口风琴是学校的"2+1"项目，根据学生生理成长的规律，学校制定了三级水平标准，分优秀、及格和不及格三个等级进行认定。每年六月份由体育教师和音乐教师利用课堂时间进行评定。

2. 完善硬件条件，项目普及得到保障

为了开展轮滑运动，学校将足球场地设计成平面塑胶材质，要求学生人手一双轮滑鞋。基于活动全面开展和学生练习实际需要的双重考虑，起初，学校自行购买了100余双轮滑鞋，供学生上课使用，经过几年的实践授课，学生现在已经100%拥有自己的各种档次的轮滑鞋，学校的轮滑鞋只是充当了替补的角色，确保了轮滑运动的顺利开展。为开展乒乓球特色体育活动，学校配置了10张室内球台和15张室外球台，并购置了2台自动发球机和100只球拍，保证一个班级学生的教学练习。在选择口风琴项目时，我们有过犹豫，一是觉得口风琴不上档次，二是觉得不新鲜，有很多地方已经开展了。但后来我们想通了，并决定了这个选项，因为这是一项普及性活动，毕竟它能将未接触过器乐的学生带入人生中一种新的境界。

3. 列入课时，项目发展稳定而持久

1~6年级每周一节轮滑课，1~6年级每周一节乒乓球课，口风琴的练习与音乐课教学相融一体，安排专业教师进行教学，使学生在尝试体验中产生兴趣，在长期坚持培训中形成技能和特长，强身健体，艺术陶冶，终身受益。

4. 开发校本课程，项目质量有了依托

"2+1"项目具有校本性，校本课程的开发与实施是其水平的标志，只有开发出好的校本课程，"2+1"项目活动质量才能真正有依托和保证。学校开发了"轮滑"和"乒乓球"校本课程，并开始实施"口风琴"校本课程。

5. 注重师资培训，提高教师的专业能力和指导水平

为使专职教师尽快掌握学校确定的"2+1"项目的专业技能，学校先后聘请抚顺职业技术学院乒乓球专业教师、东龙轮滑队教练、铜管队教练和木管队教练到校进行课堂同步教学辅导和培训，同时给专职教师足够的时间进行自我提高，使项目专职教师很快胜任了辅导和培训任务。除此，组织教师到沈阳、大连、铁岭等先进地区的学校参观学习，也为教师购买了大量的书籍和音像素材。通过学习，项目专职教师的专

业水平有了较大幅度的提升，为学校"2+1"项目工程的开展储备了宝贵的师资资源。

（五）关注体艺素质，促进学生的全面成长

1.打造阳光体育运动，强健学生体魄

走到操场，走向大自然，走在阳光下，在坚持"每天锻炼一小时，健康工作五十年，幸福生活一辈子"的前提下，学校坚持深入开展特色鲜明、学生喜闻乐见的体育活动，掀起了学生校园体育运动的热潮。

（1）每天一小时体育锻炼，晨跑拉开健康每一天的序幕

从两年前开始，每天早晨，学生走进校园的第一件事情就是放下书包，自觉晨跑，晨跑的圈数由学生根据自己的身体条件自己确定。坚持跑和不间断，是学校对晨跑的基本要求。为了使活动有实效，学校安排值周领导和教师进行监督，指导班级设立班级晨跑过程性记录，通过星级学生评比机制激励学生自觉参加晨跑活动。在欢快的乐曲中，看到同学们如同早晨初升的太阳一般朝气蓬勃，我们由衷地感到欣慰。

（2）每月一项主题体育活动，竞技比赛掀起体育运动的热潮

每月以年部为单位，由体育组组织，利用中午时间或体活课时间，开展主题体育活动，例如，5~6年级篮球赛、1~6年级乒乓球赛、1~6年级10人轮滑接力比赛、1~6年级10人立定跳远接力比赛、2~6年级10人×200米接力比赛、1~6年级10人跳绳定时计数比赛、1~6年级10人仰卧起坐及俯卧撑计数比赛等。丰富多彩的体育活动，成为学生自觉参加体育锻炼的一个很好的平台，为学生童年美好的生活涂上了绚丽的一笔。

（3）每学期一次队列会操比赛，让体育、艺术及育人相融一体

按课间活动、会操和队列三部分设计比赛，丰富多彩的课间活动、韵律感十足的韵律操、童心舞动的校园集体舞、身姿蓬勃的队列仪式。每学年一次的队列汇操比赛活动，既是学生展示风采、愉悦心境的表演，也是锻炼身体、磨炼意志品格、建立团队精神的良机。

每学年一届趣味健身运动会，展现体育无限魅力。在校运动会中，学校打破常规，学生除参加田径类项目之外，又增设十多项特色体育比赛项目，如师生10人胯下传球、5人蛙跳接力、5人袋鼠跳接力等，每

个班级 80％的同学都积极地参与体育比赛中，每名学生都体验到了比赛的激情，都收获着运动的快乐。

（4）注重锻炼习惯的培养，体育技能项目的训练与其它健身活动相结合

体育技能的培养，目的是强健学生身体素质。而注重学生锻炼习惯的培养，增加体育锻炼意识，让体育技能训练与常规体育运动相结合，则是强健学生身体素质的根本。一是指导学生制订常规体育运动计划，如晨跑、跳绳、仰卧起坐、俯卧撑等，明确每天完成的任务量。二是帮助学生建立锻炼习惯，养成自我评价记录，按周设计记录，用"★☆"符号作为完成和没有完成的标志。三是建立检测机制，每学年学校集中两个下午，分高、中、低三个年部，对学生常规运动项目逐一进行检测，并记录在学生"2＋1"项目及学生体质健康档案之中。四是开展丰富的体育比赛活动，让学生在活动中体验运动的快乐和成就。

2.加强艺术教育提升学生审美素养

（1）营造艺术教育环境，陶冶师生审美情操

创设"孩子是环境之子"的育人环境。校园环境的建设力争体现绿化、美化、净化、人文化的思路，创建以绿色为主旋律，以和谐为主题的具有浓郁艺术风格的校园景观，体现出了全校师生的共同思想、共同情感、共同的审美观，构成了美丽的校园风景图。

各楼层创设了主题鲜明的厅廊文化。一楼的健康主题、二楼的"书香"浓郁、三楼的网络天地、四楼的科幻长廊，每个楼层都给学生搭建了展示与交流的平台。每班教室的墙面每月展示一次学生的艺术作品，如硬笔书法、绘画作品、习作、英语书写。

（2）开发校本艺术课程，拓宽艺术教育渠道

一是编辑了《班班有歌声》校园歌曲集。学校每学期举行一次"班班有歌声"展示活动。校园歌曲展示活动中，孩子们自豪的神情、优美的歌声，富有特色的艺术造型，无不展现了孩子们童年生活的快乐。

二是编写软笔书法校本课程。书法之美是传承中华优秀传统文化，对学生进行美育教育的重要组成部分。学校每周安排一节书法课，每月按年部进行书法比赛，获奖学生的作品和名单会在学校书法园地中展

出。学校充分运用网络优势,将书法指导的电子教材做成5分钟一段的教学视频,指导学生观看、模仿、练习、创作,形成了人人学习书法,处处书香四溢的弘扬民族文化的良好氛围。

三是编辑古诗文诵读手册《古韵诗香》。手册中明确了各个年级段的古诗文诵读篇目,学校每学期通过验收与评优的形式开展活动,指导学生诵读名篇佳句,丰富表演形式,体味古诗文的文字美、音韵美、内涵美,形成班级特色,与经典共成长。

(3) 开展多彩兴趣活动,提高学生人文素养

一是艺术教育惠及全体。学校艺术教育的宗旨是:只要你有兴趣,有学习的愿望,不会过分地强求学生的基础要多么高,是否有多大的培养价值,老师都会给学生搭建参与和表现的平台。如每年一届的校园艺术节,展示的是精华,参与的是全员,因为每一个精品都来源于全体学生的参与,是每一个学生追求美和创造美的过程的最佳呈现。

二是特长培养成果显著。几年来,学校先后成立了花儿舞蹈队、畅想器乐队、活力无限健美操队、童声合唱队、七彩画室、英语情景剧、兰亭书法小组。活动中,做到"四有一定两结合","四有",即有计划、有制度、有活动场所、有专业教师;"一定",即固定训练时间;"两结合",即活动与教学相结合,普及与提高相结合。因此,学校的艺术教育活动内容丰富多彩,形式多种多样。

三是校园艺术节荟萃群芳。每年一届的校园艺术节是学校群芳吐艳的节日,是同学们展示艺术才华的舞台。艺术节分班级展示、年级展示和学校展示三个层次。班级展示全员参与,逐一表演,每个学生展示一项最擅长的艺术特长,由学生评定星级水平。年级展示由大队部组织,按语言类、器乐类、声乐类、舞蹈类、书画类五大类进行展示评优。学校展示不但荟萃了各年部各类项目的精品,更主要的是有班级集体艺术表演和学校特长小组的艺术展示,是每年艺术节的峰顶荟萃。在各类表演评比中,同学们尽显艺术修炼成果,突显亮点,享受精彩,张扬个性,树立自信。校园涌现出一大批全面发展、学有特长的学生。

(4) 艺术课堂,审美品位

一是艺术学科呈现艺术魅力,艺术时空营造艺术氛围。音美学科教

学是对学生艺术影响的主阵地，声音、节奏、旋律、姿态、色彩、造型、明暗等都飘逸着艺术的气息，让学生在每一节艺术课上都能欣赏美、体验美、表现美、创造美，这是学校对艺术课堂教学的要求。精心设计教学、广泛收集教学素材、认真制作教学课件、赏识每一个学生，使艺术课堂真正陶冶艺术修养。二是挖掘相关学科的审美资源，让课堂成为艺术与美的摇篮。艺术存在于每一个学科，艺术培养不只是音美学科的任务。课堂上学生每一次表现都是艺术的培养，表达、姿态、语言等。优美的文章是语言的艺术、精美的造型是几何的艺术、抽象的设计是科学的艺术……让所有的教师都带着这样的思想走进课堂，让课堂成为艺术与美的摇篮。

（六）形成学校文化，惠及全体学生

每年春季的学生体质健康状况达标运动会和秋季的田径健身趣味运动会，是对学生身体素质的全面检阅，更是体育技能培养的目标所在，学生拥有了体育技能，就会产生运动的兴趣，就能在运动中强健自己的身体。每年"六一"举办一次艺术节，让每一个学生都有展示的机会，让学生在展示中陶冶艺术情操。

二、彰显学校体育特色，强健学生体魄

学校在成长与实践中，需要不断寻求自身的特色发展之路。"阳光体育"这一崭新的理念犹如芬芳园里的一株幼芽，博得了学校管理者的关注与呵护，"使自己阳光，给别人阳光，让大家共同阳光"的执着坚守，成为学校管理工作的最爱。于是，学校确定了"人无我有，人有我优，人优我精"的工作目标，力争以体育教学为突破口，进一步促进学生既全面又和谐的个性发展。这既是对特色学校建设的基本认识，也是对学校发展的理想追求。

（一）特色与常规并重，以常规促特色发展

1.普及常规体育活动，突出"规范"两字

（1）认真贯彻课时计划，开齐开全体育课程

在创建体育特色学校的工程中，不忽略体育常规管理和提高教师素质，这是创建体育特色学校不可动摇的基石。学校从建立常规管理机制

入手，严格执行上级下发的课时计划，开齐开全体育课时，使体育教学走向规范化。

（2）规范体育课教学，提升教育质量

学校教导处定期对教师的教学常规工作进行检查，从体育教师的备、上、研、训等方面对教师的体育教学常规进行了规范。而教学检查的重点便是每节体育课体育器材的使用情况。正是因为学校体育课教学规范严格，内容丰富多彩，所以不仅提高了体育教学质量，同时也为创建体育特色学校打下了坚实的基础。

2. 明确学校特色项目，突出"发展"两字

（1）依托快乐轮滑，创建学校体育特色

做好开展轮滑运动的前期准备工作。加强学习，体育教师学习有关轮滑的知识，熟悉轮滑运动技术。通过开展轮滑研究性学习、观看轮滑视频、现场轮滑表演，使学生了解轮滑、喜欢轮滑，激发他们想学会轮滑的情感。场地建设，2006年，学校投资200余万元，铺设了塑胶操场，标准的200米塑胶运动场成为孩子们尽情玩耍的天地。

确定轮滑特色创建的任务与目标。认真进行以轮滑为中心的体育教学活动，全面提高学生的身体机能，发展学生各方面素质，做到人人学会滑轮滑、班班拥有轮滑队、年年举行轮滑竞赛周和文化周活动。以轮滑育德、以轮滑益智、以轮滑强体，丰富特色内涵、提升办学品位。

做好轮滑运动的基础教育和普及工作。工作中，通过抓普及、抓基础，来创建轮滑特色。所谓"抓普及"是指1~6年级全面开设轮滑课，每周一节，学生每人一双轮滑鞋，普及程度达到了100％。所谓"抓基础"，是指利用体育课、轮滑校本课、轮滑队训练等时间进行轮滑基础教学活动及趣味教学活动。同时，还按照轮滑运动的特点，根据轮滑技术基本动作，创编了不同形式的轮滑表演，选拔了优秀的人才，激发学习的热情。学校轮滑特色队在市运动会展现了独特的风采。

（2）普及乒乓运动，激发爱国情怀

如果说轮滑运动是重在锻炼学生的下肢机能，那么乒乓运动的普及无疑锻炼了学生的上肢运动能力。

建校初期，学校便把发扬民族特色体育——乒乓作为一项任务来抓。建立了乒乓球馆，内设8个乒乓球台。在发展的过程中，学校越来越感觉到这项活动的轻便性、灵活性，对训练孩子手、眼的协调能力大有益处，于是，在操场增设了15个乒乓球台，极大地体现了活动的开放性。乒乓球运动成了孩子们课间活动广泛开展的活动。与此同时，学校又充分利用乒乓球馆的先进设施，开设了全员参与乒乓球课，课堂上既有与接球器的对决，又有与师生的演练，在学习中，了解了乒乓球在中国的地位，在世界的影响，从而激发了学生强烈的爱国情怀。

(3) 鼓励篮球运动，丰富业余生活

篮球，一直是风靡全球的一项运动。这种大众化的运动方式，得到了不同年龄、不同职业人群的青睐。在篮球场上酣畅淋漓，可以尽情释放心情。最初，当学校的男教师为了缓解工作的压力，利用每天的午休时间，开始在场上激烈征战之际，没有想到这却起到了"无心插柳柳成荫"的效果。孩子们由最初的摇旗呐喊，到摩拳擦掌的跃跃欲试，再到场上的激烈争夺，可以说是一切均源自于自发、自悟、自练。既然如此，学校为什么不顺应学生的心理，鼓励篮球运动呢？于是，为学生提供了运动场地，创设了优越的环境，并准备将其作为今后体育工作的一项重点，购买篮球架、拓宽篮球场，使篮球运动能够真正深入开展下去。

(4) 创新体育校本课程，创建体育特色学校的生命线

校本课程的开发与发展是一个长期教育实践的过程，是需要学校领导和全体教师在长期的教育管理和实践中不断总结提高的过程。在教材建设方面满足学生的需要，培养学生的创造精神和实践能力，任课教师进行大量创造性劳动，以丰富的实践为基础，参考有关资料，自己动手编写教材，主要编写的体育校本教材有《轮滑的技能训练》《乒乓球的指导与实践》。

3. 打造阳光体育运动，突出"快乐"两字

在坚持"每天锻炼一小时，健康工作五十年，幸福生活一辈子"的

前提下，学校深入开展特色鲜明、学生喜闻乐见的体育活动，掀起了学生校园体育运动浪潮。

（1）丰富多彩的课间活动，为童年美好的生活涂上了绚丽的一笔

为了有效利用课间活动时间，体育组教师静下心来，坐在一起研究，以年级为单位，根据学生实际、季节转化等精心推荐了各年级的体育游戏内容。每天课间，学校操场上到处是生龙活虎的运动场面：跳绳、跳皮筋、打球、踢毽子、丢沙包……孩子们在活动中面带微笑，尽情嬉戏，成了学校的一道亮丽风景线。

（2）通过大课间活动的开展，展现体育无限的魅力

在推广儿童广播体操的基础上，学校编排了一套符合学生年龄特点、活泼可爱并韵律感十足的韵律操，和一套蕴含气势之美的武术操。通过适时开展课间操、校园集体舞、韵律操、武术操的学校汇操比赛，各班由此掀起了锻炼的高潮。

（3）充分挖掘学生潜力，扎实开展校队训练

学校以培养体育特长生为突破口，成立了轮滑队、田径队、乒乓球队和健美操队，制订了训练队的计划与目标，每天放学都会进行系统的训练。经过不懈努力，一些校队取得了可喜的成绩，如校轮滑队两次参加辽宁省轮滑比赛，分别取得第三和第四名的好成绩，校乒乓球队也在市乒乓球比赛中取得了优异的成绩，校中国象棋、国际象棋队和围棋队在市级比赛中分别获团体第一和两个团体第二名的好成绩。而健美操队则用一种与众不同的方式诠释了对体育的理解，进一步开启了通往体育殿堂的韵律之窗。

（4）每月一主题的体育活动伴我成长

每月都有1~2项体育比赛活动，如轮滑比赛、乒乓球比赛、冬锻验收比赛、接力比赛等，在各类比赛中，同学们团结一心，奋力争先，不仅提高了学生们对体育运动的热爱，同时培养了学生们意志品质，增强了团结合作能力。

(5) 每年一次体育节，唱响团结与拼搏

学校以运动会为契机，积极开展每年一次的体育节活动。值得一提的是，在校运动会中，学校打破常规，学生除参加田径类项目之外，又增设十多项特色体育比赛项目，每个班级90%以上的同学都能积极地参与到体育比赛中，使每名学生都感受了运动的快乐与自豪。

（二）积极调动有效因素，全方位保障特色发展

在创建体育特色学校的过程中，学校在体育工作环境的营造、校本体育文化的建设、教师素质和学生综合素质的提高等方面投入了大量的精力，促使学校各项工作有条不紊地开展。

1. 加强教师队伍培训，增强体育学科师资力量

作为一所新兴的现代化学校，学校有比较雄厚的师资力量，6名体育教师均是大专以上学历。为了凸显学校的体育特色，学校还聘请了专业教练与体育教师共同执教不同的课程。例如，学校在有1名专职乒乓球教师的基础上，外聘了4名乒乓球教练，负责学校乒乓球队的日常训练工作；在体育教师人人执教轮滑课的基础上，又外聘了2名轮滑教练，负责学校轮滑队的日常训练工作。他们凭着对教育的满腔热情，对学生满腔的爱，都在各自的岗位上因地制宜、锲而不舍地训练着学生。

为了增强教师的业务指导，学校订购了比较前沿的体育杂志和报刊，并支持和鼓励体育教师外出拓宽视野、参观学习。目前，学校体育教师已多次到沈阳、大连等地参观学习，多次参加各级各类的教学评比，并取得了优秀成果。

2. 舍得投入，创造条件，积极营造良好的体育环境

学校领导在加强教学质量管理的同时，找准切入点，以创建体育特色学校为发展目标，投入人力物力，大胆实践，创新观念，凸显成效。

学校在发展之路上，以"体育活动为重点，特色项目为亮点，个性发展为终点"，期盼学生在活动中精神得到愉悦，身体得到放松；在运动中领略体育的魅力，感受体育的美丽，体会运动的快乐！有道是"少

年智则国智，少年富则国富，少年强则国强"。希望每一个孩子都在体育活动中孕育强健的身躯，用健康的体魄奋发图强，成就未来的理想。

第五节　创办英语特色学校

一、大力提高英语教师的教育教学水平

（一）定期开展业务学习，提高英语教师的教育教学理论水平

读书使人美丽，读书使人有力，读书让英语教师队伍更具实力。为了提高教师素养，学校根据每位教师的教育教学的年级等具体情况，为每一位英语教师订购了至少一份英语教学杂志，每月三次，教师们坐在一起，或是品读感悟，或是探讨研究，领略着杂志中的生动课例，吸纳着先进的教学理念，为自身教育教学水平的提高打下了坚实的基础。

（二）开展校本教研，提高教师自身素质

"长计划、短安排、互交流、互提高"一直是学校校本教研的目标。"理论充电、各抒己见、献计献策"一直是学校校本教研的特色。首先，每周三第一节由一名英语教师上一节组内观摩展示课，周三下午全体英语教师及时进行评课，本着"问题三部曲"的思维模式，即先去主动发现问题，再去认真分析问题，然后以最佳的方案去解决问题。其次，每周英语教师拿出四十分钟与外教共同交流、教研，不断地在口语、听力、方法、理念、文化等方面互相熏陶、互相提高。

（三）开展师徒结对活动，帮助青年教师成长

为了年轻教师更快地成长，学校特设了"春雨工程"，即师徒结对子活动，为学校外语特色教学提供了更大的发展空间和成长进步的平台。

（四）走出去，请进来

学校积极为每一位教师尤其是青年教师创造外出学习的机会，外出回来的老师更要带回先进的理念和教学方式，做好总结汇报，并上好汇报课。同时，学校还积极邀请专家及教研员老师到校做专题讲座或上引路课，对教师进行业务指导。

（五）树立问题即课题的科研思路

"问题即课题"的思想一直是学校科研工作所秉承的方向原则。在学校大的科研观的基础上，建立了一个个符合学校实际情况的子课题，并参与国家、省、市等多项课题的研究。经过几年来的不断探索、研究、发现与尝试，终于在各项课题研究中取得了一定的成绩，为各项课题成果的实现起到了举足轻重的作用。

二、切实抓稳英语基地教学的常规工作

（一）快乐朗读十分钟，畅"响"晨曦

英语教学的主导思想即为听说领先。为了进一步巩固和提高学生学用英语的能力，提高学生的口语水平，学校开设了早间的快乐朗读十分钟，每日早晨，学生张大嘴巴诵读所学的单词、句型和课文。此做法既符合英语学习的规律，又符合学生的心理特点，为提高学生说英语的能力起到事半功倍的作用。

（二）每周一份导学案，突出重点

英语教师根据学生每周所学的内容制定一份导学案，从重点知识到单词、句型的专项练习，使学生学有方向、学有重点、学有习惯，使得家长在辅导检测孩子学习的过程中也有章可循，进一步巩固了所学知识，提高了学习成绩。

（三）快乐闯关每周行，体验成功

根据周五下发的导学案上的重点内容，学校利用周二早上晨读时间

对学生进行闯关测验，全对者为过关达标，错一处者为不过关。通过此项措施，牢牢夯实基础知识，从而大幅度提高成绩。

（四）周、月过关相交替，相辅相成

除了每周二的单词闯关，每月末的最后一个周二的早晨，学校还会进行课文朗读月过关，对学生当月所学课文进行模拟原声朗读测试。朗读流利者为优秀，朗读单词准确者为过关，一个单词发音不准者则为不过关，此项活动注重了英语听说领先的规律，进一步提高了学生的口语能力。

（五）善用候课五分钟，夯实基础

抓住英语课前五分钟的候课时间，全班同学针对上节课所学的重点进行大声的朗读或表演，在这些零散的时间中复习了英语，及时地降低了英语的遗忘率。

（六）每日作业六步曲，扎实有效

英语作业是学校一项有特色的英语教学辅助措施，既要夯实基础，又要体现一定的趣味性，因此学校采用了六步法的作业形式，即听、读、背、演、译、换。这样的作业既全面到位，又使学生可以在说说演演中将其较轻松地完成。

（七）外教教学相补充，原汁原味

为了使学生能够接触到原汁原味的英语，学校引聘两名外教，每周为学生带来一堂内容丰富的外教课。学生通过跟外教课上课下的接触，不仅能够学到地道纯正的英语，不断提高自身的英语交际能力，更重要的是还能感悟到外国人那种自然与自信的人生态度。

三、有特色地开展英语教育教学的各项活动

1.创设学生使用英语的氛围，培养学生使用英语的习惯。以"时时能够听到英语、处处能够看到英语、人人能够交际英语、事事能够实践英语"这一原则为指导，提高平常使用英语的频率。

2.每学期进行一次英语单词考级活动。为了使学生英语水平能够赶上中国发达的上海等城市,快速与世界接轨,学校目前要求毕业学生掌握1200个单词,并将单词设定了12个级别。考过英语12级全部单词的同学可荣获"英语单词小博士"的称号。

经过几年的实践,学校的单词考级已经形成了规范化、序列化。小学英语的教学内容主要是单词、句子和短小会话。可见除了单词之外,句子也是小学英语最基本、最重要的教学内容。而在句子的教学中,句子的熟练度练习则是至关重要的一环,它直接关系到句子教学的成功与失败。为此,结合学校英语教学特色及教学实际,学校又开展了英语句子的考级工作。句子考级手册集中了小学英语1~6年级上下册英语教材中的所有"四会"句子及部分"三会"句子。学校要求学生毕业掌握300个句子,定6个级别,形成学校英语句子考级体系。每个级别句子数量各不相同,根据学生年龄实际及教学实际设置包括:一级20个,二级30个,三级40个,四级60个,五级70个,六级80个,共计300个句子。学生根据自身实际逐级申报,掌握300个句子即可申报英语句子考级"小状元",学校将张榜表扬并颁发英语"小状元"证书。

3.开展英语非笔试验收活动。每学期期末进行英语课文朗读抽测及单词、句子验收测试。课文朗读抽测就是首先以抽签的形式决定各年部朗读的班级,然后每班抽选6人(好、中、差各2名)代表班级参赛,再抽签朗读指定的篇目。学生的朗读情况作为教师的考核成绩。单词句子闯关验收就是学期末,根据周闯关内容以书面检测的方式进行考核。1~3年级单词及句型书写准确率达到95分为达标;4~6年级单词及句型书写准确率达到90分为达标。各年级达标率为:一二年级85%,三四年级75%,五六年级65%。此项成绩也纳入教师考核指标。

4.建立英语特色刊。每一学期一刊,充分展示学校英语特色、英语新理念、英语新举措、英语新气象、英语新反思、英语新成果、英语新设想等。

5.开展英语艺术节活动。包括板报、英语报展;书法展;英语各类表演；英语实践活动等。内容全面而丰富，彰显学校特色。

四、进一步完善学校英语特色的校本课程建设工作

①随着电子技术的迅速发展，英语教和学的方式都在发生着革命性的变化。根据教育部关于鼓励在小学采用多媒体方式实施英语教学的精神，学校引进了多媒体软件和教材作为英语教学的辅助资源。

②为了从小培养学生英语阅读的兴趣和习惯，使小学生的英语阅读潜能得到充分挖掘，学校在3～6年级开设了英语阅读校本课程。阅读教学的深入开展使学生的阅读及综合语言运用能力得到了提高，教学质量得到了不断优化。

五、有效加强各部门在英语特色建设中的管理协同作用

①领导重视。校长主策，教导处主管主任具体负责，各个部门协调工作。

②聘请市英语教研员为学校的英语顾问，为学校的英语教学、教研领航。

③英语教师分工明确，合作提高。每位英语教师都要做到长计划、短安排，要有自己的特色。根据所教学生的特点，设"家校之桥"联系卡，过程记录及反馈学生的学习状况。

④家长协同管理。每日家长都会见到英语教师的"家校之桥"联系卡，其内容有三：学生每日必做；学生学习英语的过程反馈；家长可提出要求及希望。

六、充分重视英语教育教学中的评价机制的作用

根据教育部门制定的英语新课程标准中有关评价方面的建议，结合学校的实际情况，采用形成性评价和终结性评价相结合的评价方法，对学生英语学习进行过程管理，并从"学科习惯、作业、单词闯关、常规反馈、外教课、朗读"六个方面入手，开展学习评价活动。

第三章　考察学习篇

第一节　培养学生的公民意识

一、"平等对话"确立正确的教学观，提升师生的生命质量

新课程强调，教学是教与学的交往、互动，是师生双方相互交流、相互沟通、相互启发、相互补充的过程。在此过程中，教师与学生分享彼此的思考、经验和知识，交流彼此的情感、体验与观念，丰富教学内容，求得新的发现，从而达成共识、共享、共进，实现教学相长和共同发展。

究其内、外因，既要有民主、和谐的学习氛围，更要有安全的心理环境，二者有机结合，才能架起师生交流的桥梁。反思过去的教学，教师单向地将自己的知识传授给学生，限制了师生的发展。学生是教师教会的，不是学会的，更不用说会学。

"平等对话"意味着建立了一个温暖的、师生彼此间接纳的、相互欣赏的学习场所；意味着师生平等地参与教学活动；意味着师生主体性的凸显、个性的表现、创造性的解放。

二、"平等对话"关注每一个孩子的发展

"一切为了每一位学生的发展"是新课程的最高宗旨和核心理念，"平等对话"关注着每一位学生，关注着学生的情绪生活和情感体验，关注着学生的思想品德和人格养成。因为"平等对话"包含着尊重、关

心、牵挂，包含着倾听、接纳、欣赏。学生的学习生活是开放的、自由的、美丽的、快乐的。"平等对话"给了学生完整的精神生活。

三、"平等对话"构建新型的师生关系

"平等对话"是一种真正的人与人的心灵沟通，是师生创造性得以充分发挥的催化剂。课堂不再是沉闷、严厉的，它带给学生的是平等、自由、民主、尊重、信任、友善、理解、宽容、亲情与关爱；学生说的是自己真实的感受，说的是自己真实的发现，说的是自己心里话，回归到"用自己的眼睛去观察，用自己的心灵去感悟，用自己的头脑去判断，用自己的语言去表达"的自然、真实的状态。它给教师的是热情、真诚、宽容、负责，是对教师修养的不断修炼，是对教师专业知识的不断拓展，是对教师敬业精神的不断提升，是对教师个性魅力的不断丰富。

第二节　全面提升学生素质

一、中小学生的学习动力

在中小学生的学习活动中，学习动力是影响学生学业成绩最重要的因素之一。在学习动力系统中，动机、兴趣、目标、归因、价值观等以不同的方式直接或间接地影响着中小学生的学习效率，为学生的学习活动提供源源不断的动力，使中小学生在倦怠和遇到困难时能够坚持学习，获得优异成绩。

（一）中小学生的学习动机与学习

1. 中小学生学习动机及分类

动机指引起、支配和维持个体的生理和心理活动，并使个体的活动朝向某一目标的内部推动力量。动机首先发动行为，推动个体产生某种

活动，如学生为了求知而学习；动机也能将行为指向一定的对象和目标，如学生为了求知而去图书馆；动机还具有维持和调整功能，表现为行为的坚持性。

（1）中小学生学习动机

学习动机是推动学生进行学习的内部原因和动力，它通过这几个方面影响着学生的学习行为与学习结果：学生会选择什么（做作业、娱乐）、何时启动行动、行动的强度（参与和努力程度）、坚持始终还是半途而废、活动中的思想与情感（享受学习、成就感、担忧等）。

（2）中小学生学习动机的分类

基于对学习动机不同角度的认识，学习动机可以进行不同的划分。

①正确的学习动机与错误的学习动机。根据学习动机所产生结果的社会价值，学习动机可分为正确的学习动机与错误的学习动机。这里社会价值标准尤其重要，学生学习不仅是为了获得好成绩、教师的表扬等，更为重要的是贡献社会、创造社会价值。在这里，我们判断学习动机正确与否的标准是其社会意义。

②直接的近景性学习动机与间接的远景性学习动机。根据学习动机所起作用时间的长短，学习动机可分为直接的近景性学习动机与间接的远景性学习动机。学生因期末考试而努力学习，是直接的近景性学习动机；"为中华之崛起而读书"是间接的远景性学习动机。

③主导性学习动机与辅助性学习动机。根据学习动机所起作用的大小，学习动机可分为主导性学习动机与辅助性学习动机。学生热爱所学知识，想探索一个未知的问题，这都是由认知内驱力而产生的学习动机，是学习的主导性动机；而为了在竞争中取胜、在同伴中有地位，则属于辅助性动机。

④外在学习动机与内在学习动机。根据学习动机的来源，学习动机可分为外在学习动机与内在学习动机，这是对学习动机最重要的划分。外在学习动机是对学习结果或学习活动以外在因素作为学习目标而引发

的推动学生学习的动力。在此种动机中，学习活动只是达到某种目标的手段，而不是目标本身。例如，想获得教师的表扬、获得好的名次、避免惩罚等。在这种动机推动下，学生学习投入程度有限，对信息难以深度加工。内在学习动机是由于个体追求兴趣、能力的提高所产生的寻求、克服挑战的心理倾向。具有内在学习动机的学生热爱学习，渴望获得更多的知识，能够对信息进行深度加工。

2. 中小学生学习动机对学习的影响

（1）影响学生的目标选择

学生在学习与发展过程中可能会有各种目标，如取得优异成绩、取得好的名次、得到教师的表扬等。处于低年级的学生，这些目标通常难以自主，而是被他人影响。但随着学生经验与能力的增长，他们将会自己选择目标，决定做什么，而这背后最重要的动力就是学习动机。强烈的学习动机使学生将目标与学习活动密切联系起来。"决心做什么"对学生而言至关重要，没有它，学生的一切努力都不能开始。因此，对教师而言，学生从"要我做"到"我要做"的转变表明了强烈的学习动机对学习所产生的影响。

（2）影响学生为学习所付出的时间和努力

动机决定了学生是满怀热情、全身心投入一项任务中，还是冷漠、懒散、漫不经心地对待自己所要完成的任务。动机也使学生更加努力，花费更多的时间与精力完成自己的学习活动。一些教师在教育教学活动中常常发现，学生对于高质量地完成学习任务所需花费的时间和努力通常估计不足，导致他们不能全面、深入地对所学知识进行分析、比较、概括，以致不能理解知识背后深刻的原理和假设。这些现象的产生与学生没有在学习中建立强烈、深刻的学习动机有关。

（3）影响学生为完成任务克服困难、坚持始终的决心

学生对自己完成一项任务的动机认识越清楚，需要越强烈，他们就越有勇气积极、乐观地面对任务的艰巨性，直面所遇到的困难与挫折，

坚持完成自己的目标。当学生开始一项他们真正想完成的任务,更可能坚持不懈地学习,直至完成,即使在活动中被偶尔打断或受到挫折,他们也能坚持到底。动机可以让学生花费更多的时间去完成该任务,这是影响他们学业成绩的一个重要因素。

(4)影响学生对所学内容的认知与理解

具有强烈学习动机的学生能够更积极、主动地学习,深入地思考。比如,他们能够主动地对知识进行分类、比较,调动过去所学知识,寻找新旧知识之间的联系,实现有意义的学习。动机影响生注意什么,以及如何加工它。被动机激发的学生经常会持续地努力以真正理解课程教材,进行有意义的学习,并考虑如何把它们运用到生活实际中。

(5)影响学生在学习活动中的心理感受和体验

学习动机强烈的学生,对于学习中的成败体验往往更强烈:成绩优异时,感到更自信、更自豪;成绩不理想时,感到更沮丧。

当一个人追求成功的动机大于避免失败的动机时,他更注重追求成功,对失败持积极态度,表现为自信、敢于尝试、独立思考、坚持正确的方向。这类个体不会选择过难或过易的任务,而选择中等难度的任务,他们失败时会进行内部归因。当一个人避免失败的动机大于追求成功的动机时,他更注重回避失败,表现为对失败持消极态度,在困难面前表现为退缩。这类个体不是选择容易的任务以避免失败,就是选择难度过大的任务为失败找到借口,减少失败感,他们在失败时倾向进行外部归因。

(6)影响学生的学业成绩

基于动机对学习目标的选择、学习努力的程度、克服困难与坚持的程度、对所学内容的理解以及在学习活动中的积极与消极心理感受等方面的影响,学习动机将对学生的学业成绩产生影响。大量实践表明,那些学习动机强烈且在学习活动中表现优异的学生往往就是取得最高成就的学生。

内在学习动机源于个体探索的兴趣、希望获得能力提高的愿望，而产生寻求、克服挑战的心理倾向。激发学生的内在学习动机，就好比开动的汽车发动机，为学生的学习与探索提供了内在动力。内在学习动机有助于提高学生的学业成绩以及创造力、阅读理解能力和精细学习能力等，并可能使学生享受到学习所带来的满足感。具有内在学习动机的学生，乐于完成学习任务，渴望在此过程中学到更多知识，可能在信息的有效、精细加工方面表现出色，成绩更好。具有外在学习动机的学生，其行为易受到外部因素的影响，与学习活动本身无关。例如，有些学生想获得教师的表扬、好的名次、避免惩罚等。他们在学习活动中可能是不得不学，因此会给自己设定较低的标准，学习投入程度也有限，对信息难以深度加工。外在学习动机与消极情绪、不良学业成绩和不当的学习方法有关。

在学习活动中，内在学习动机与外在学习动机不是对立的，学生经常同时受到二者的双重影响。例如，学生喜欢某一门课程（内在学习动机），又希望这门课程能够取得好成绩（外在学习动机）。随着时间的推移，外在学习动机可能逐渐转化为内在学习动机。外在学习动机是对学业成绩和创造性行为的一种外部强化形式，对某些学生而言，可能是他们通向成功的课堂学习与创造性行为之路的唯一动力。但无论如何，内在学习动机始终决定着学生的学习行为能否持续，它可以激励学生寻找所学知识的意义，学以致用，增加他们在毕业之后继续学习的可能性。

(二) 中小学生的学习兴趣与学习

学习兴趣对中小学生的学习活动也有重要影响，正所谓"兴趣是最好的老师"。

1. 中小学生学习兴趣及分类

(1) 中小学生学习兴趣

兴趣是个体探究某种事物或从事某种活动的心理倾向。学习兴趣是学生对学习对象或学习活动的一种力求认识或趋近的心理倾向。这种心理倾向使学生对某种事物予以优先注意,并具有向往的心情,是推动他们主动学习、认识事物、探求真理的重要动力。在学习活动中,学生的兴趣不同,对具体学习内容的偏好也不同:有人喜欢数学,有人喜欢文学,有人喜欢体育,有人喜欢音乐,等等。

兴趣是一种将思维的对象保留在意识中的内心力量,是一种智力活动的特性,个体掌握知识并致力于扩充知识,就是对知识有兴趣。有趣的事物和经验就是那些能使人得到满足或能使人满足其动机的事物和经验,它是使人减少焦虑、增加快感的诱因。

兴趣和动机都是引起个体行为的内在原因,如有些学生对学习没有兴趣,视学习为痛苦的事情。这里,兴趣等同于动机。但兴趣与动机又不尽相同:动机虽然推动行为朝向某一目标,但如果目标未能实现,则动机与目标之间不能建立因果关系;如果动机所推动的目标得以实现,则二者就能够建立因果关系,同时,动机也得以满足。多次重复之后,个体就会对行为目标感兴趣,这样,兴趣就成为动机的定向。比如,学生对于读书的兴趣不是一拿起书本就有,而是在读书过程中有所领悟、有所体验,才会对读书感兴趣。

(2) 中小学生学习兴趣的分类。依据不同的分类标准,学习兴趣可以进行不同的划分,以下介绍主要的学习兴趣分类。

①直接学习兴趣与间接学习兴趣

依据学习兴趣的来源,学习兴趣可分为直接学习兴趣与间接学习兴趣。前者是由认识事物本身的需要所引起的,如对看电影、玩游戏的兴趣;后者是由认识事物的目的和结果所引起的,它和当前所认识的客体只有间接的关系。学生可能对某些复杂的数学计算不感兴趣,但对计算的结果感兴趣,这就是间接兴趣。

在学习活动中,直接兴趣是重要的,它可以激发学生认识事物、理解世界。但间接兴趣在自觉组织的活动中更为重要,尤其是当一个人意识到学习的社会意义或与自己的关系时,会产生更为持久的学习兴趣。

如基于社会责任，认识到学习的社会意义，从而意识到学习的目的与任务，因而支配自己坚持学习。

直接学习兴趣与间接学习兴趣常常是融合在一起的，即既有直接学习兴趣的成分，又有间接学习兴趣的成分。开始是对学习的间接兴趣，在学习过程中很有可能逐渐转化为直接兴趣。而对学习的直接兴趣，若无特殊情况，大多能长期持续下去，并且愈来愈浓厚。对学习的直接兴趣是提高学习质量最有利的因素。

②个人学习兴趣与情境学习兴趣。依据学习兴趣的取向，学习兴趣可分为个人学习兴趣与情境学习兴趣。个人学习兴趣是学生倾向对其追求的主题和参与的活动表现出个人偏好。情境学习兴趣是由教学环境中的事物所激发的，表现为活动、课文或材料的某个方面对学生注意力的短时间吸引。新颖的、出乎意料的、特别鲜明的事件，涉及高水平活动的或具有强烈情绪体验的事情，常常引发情境学习兴趣。而个人学习兴趣与知识是相辅相成的，对某个主题的兴趣能够为了解更多有关该主题知识的探索行为提供能量，因此而获得的逐渐增加的知识反过来又会激起更大的兴趣。个人学习兴趣相对稳定，情境学习兴趣则易随情境发生变化。在教学活动中，情境学习兴趣可吸引学生的注意力，个人学习兴趣可维持学生的注意力。

2. 中小学生学习兴趣对学习的影响

"知之者不如好之者，好之者不如乐之者。"学生对学习产生了浓厚的兴趣，自然会学得好。

（1）影响学生探索知识的愿望

兴趣可以吸引学生的注意力，促使学生主动地观察、探究事物。注意的选择性决定了个体不会对周围所有的事物都进行感知且产生反应，而是会集中于那些能满足需要和符合兴趣的事物，并会努力地进行有意识的感知，进而在兴趣的推动下提高感知的效果。

兴趣能够调动思维的能动性。思维是个体运用已有的知识经验对外界信息进行分析、综合、比较、抽象和概括的过程，兴趣促使个体自觉、积极、主动地通过对自己感兴趣的事物的分析、综合、比较等进行探究。

（2）影响学生在学习活动中的认知加工

兴趣能够使个体产生优先认识某一事物的倾向，从而获得有趣的事物和经验，接近和达到理想的目标。情境学习兴趣能够吸引学生的注意力，并且为个人学习兴趣的形成"播下种子"；而个人学习兴趣比情境学习兴趣更能在较长一段时间内维持学习者的参与性、有效的认知加工，记忆效果会更好。

在认知加工过程中，仅凭外在动机维持的话，学生对所探究的事物本身很快会缺乏兴趣，他们也会没有进一步探究事物的愿望，只能对事物产生表面的、肤浅的认识，记忆、思维都没有深度加工，不能获得关于事物本质与内在联系的认识。而对学习活动持内在动机的学生，则会对所探究的事物具有浓厚的兴趣，想得到关于所探究事物的更多认识，因此，记忆、思维等活动更丰富，对事物的认识更深刻、更全面。

（3）影响学生积极学习体验的获得

有趣的事物和经验能够使人得到满足、减少焦虑、增加快感。当学生所学知识符合他们的兴趣时，会引起他们积极的情绪。如有的学生喜欢自然科学，在做实验或在野外采集标本时会很高兴，这种愉悦的情绪体验是动机的源泉之一，能够激励他主动地克服科学实验中的困难，提高他该学科的学习效率。

（4）影响学生创造力的发展

创造力是个体应用新颖的方式解决问题，并能产生新的、有社会价值的产品的一个心理过程。拥有创造力的学生在实践活动中具有探索新知、追求新知的方式和意向，有无限的潜力开发空间。培养创造力的基础是对外界客观事物或某项活动产生浓厚的兴趣。兴趣的强大推动力可以促使个体主动、自发地探究事物，并投入无限的精力，广泛摄取知识，培养丰富的联想力、聚合和发散思维的能力。

(三) 中小学生的学习目标与学习

1. 中小学生学习目标及分类

(1) 中小学生学习目标

学习目标是学习行为要达成的结果，是中小学生努力学习要追求的目标。有效地运用学习目标能够激励学生在学习中坚持不懈，获得成功。

(2) 中小学生学习目标的分类

个体在实现预定目标时通常会表现出不同的定向，一般有成绩目标定向和掌握目标定向两种。成绩目标定向的个体乐于表现自己，并希望获得卓越的表现，得到他人赞赏，他们更关注影响学习的外部因素。成绩目标有时包含社会比较的成分，学生会关心他们的成绩与同伴相比如何。掌握目标定向的个体更关注学习活动本身，愿意参与学习活动，表现更为积极，如注意力集中，能够对所获得的信息进行深度加工，并不断修正错误。

个体的目标定向源于其不同的能力观。持能力增长观的个体认为能力可以通过努力而提高，将情境看作提高自身能力的机会，专注于完成任务本身而不是他人的看法、评价，也不与他人做过多比较。这种能力观与掌握目标定向相一致。持能力实体观的个体认为能力是与生俱来的、稳定的，学习和努力无法从根本上改变能力，只能使个体获得新的知识，而情境是对自身能力的检验，能力的高低（聪明程度）是由分数来说明的，因此极力追求高分，避免低分。这种能力观与成绩目标定向相一致。

2. 中小学生学习目标对学习的影响

(1) 学习目标对学习的影响

①学习目标使学生学习更为专注。如果学生很清楚学习要达到的结果是什么，那么他们学习活动的选择和指向就更明确，也更能将心理活动集中于所选择和指向的目标，从而保持适度紧张，专注于学习。

②学习目标有助于学生明确努力的具体方向和为实现目标所需完成的具体任务。明确的学习目标有助于学生明确自己所要达成的学习结果是什么,并正确评估完成学习目标所需要的、与具体目标相联系的努力方向。

③学习目标能激励学生克服困难。目标使学生为达到最终结果而付出艰苦努力,遇到困难不放弃,克服无关刺激的干扰。同时,坚持使学生能够不断明确自己的努力与目标的距离,不断进步。

④学习目标有助于学生最终完成预期的学习任务。有了目标,学生就会制订计划,提出具体任务,并根据反馈及时调整目标,最终完成预期任务。

学习目标能不同程度地增强学生的学习动机,但这里有一个"度"的问题,即过高的目标,学生力所不能及,容易产生挫败感,丧失信心。所以,制定一个基于中小学生自身能力的目标十分重要。在允许的时间内学生通过努力学习和坚持不懈可以完成的目标,对于动机最具有增强作用。

(2) 学习目标定向对学习的影响

学习目标定向对学习的影响主要源于不同目标定向的学生对学习的归因方式不同。成绩目标定向的学生倾向对学习成败进行能力归因,在学习中可能会避开挑战性任务,在失败时会认为自己能力不足,焦虑、羞愧,放弃努力。过多强调成绩目标会削弱学生对于掌握目标的关注。比如,过分表扬一个学生如何聪明、富有天分,而不是他为学习所付出的努力,会使该学生认为好成绩源于天赋而非勤奋,从而减少为学习付出的努力。掌握目标定向的学生对学习成败具有积极、理性的看法,倾向将失败视为努力不够,理解学习所需要付出的努力以及在困难面前坚持的意义,能够坚持始终,完成任务。

(四) 中小学生的学习归因与学习

1. 中小学生学习归因及其分类

(1) 中小学生学习归因

归因是指个体对自己或他人特定行为的原因所做出的解释或推论。

人对活动结果的认知（即归因）而非结果本身会对学习行为产生影响。如果说动机是从原因来认识行为的产生，那么，归因则是从行为的结果来分析行为。

学习归因，也称学业归因，是指学生对自己的学习行为及其结果产生的原因进行分析和推论。科学正确的学习归因能促进学生努力学习，积极进取；反之，则会影响学生的健康发展。因此，教师应高度重视学生的学习归因问题。

（2）中小学生学习归因的分类

在学习归因理论中，最具代表性的理论就是韦纳基于多向度结构提出的"成败归因理论"。

韦纳认为，个体在获得成功或失败后要解释自己的行为后果，其归因是多向度的。个体对自己的成功或失败做出何种解释影响其以后的心理和行为。人们一般倾向将行为成败归因于能力（根据能力评估自己对某一任务的胜任程度）、努力（是否尽力）、任务难度（依据自己的经验判断任务的困难程度）、运气（自身认为任务完成是否取决于运气）、身心状况以及其他（他人支持、公正等）等几个方面。韦纳将这几个方面纳入三个维度：①来源。成败因素源于个人（内在原因）还是环境（外在原因）。②稳定性。影响行为成败的因素在性质上分为稳定原因和不稳定原因。③可控性。影响成败的因素能否由个人意愿所控制。（见表3-1）

表3-1 韦纳的归因模式

类别	成败归因向度					
	稳定性		因素来源		可控性	
	稳定	不稳定	内在	外在	可控	不可控
能力	√		√			√
努力		√	√		√	
任务难度	√			√		√
运气		√		√		√
身心状况		√	√			√
其他		√		√		√

2. 中小学生学习归因对学习的影响

中小学生对学习的不同归因将会影响他们的学习动力，进而影响他们的学习效果。

(1) 影响学生的情绪反应

对学习成败归因的情绪反应会对学生的学习行为产生较大影响。对成功进行内部归因，会产生满意与自豪等比较强烈、积极的情绪反应；而对失败进行内部归因，会产生内疚、羞愧等强烈、消极的情绪反应。但如果把成功或失败归因于外因，则不会出现强烈的情绪反应。

(2) 影响学生未来努力的情况

在归因过程中，能力、努力是内在因素，如果学生将成功归因于能力，会增强自信心；如果学生将失败归因于缺乏努力，会增加羞愧感，从而期望以后通过付出更多努力来获得成功。任务难度是稳定的外部归因，将成功归因于任务简单，会减少自豪感；将失败归因于任务过难，则会减少羞愧感。运气是不稳定的外部归因，将成功归因于运气，会减少自信心，不会期望下次的成功；将失败归因于运气差，会减少羞愧感，但可能期望下次因好运气而成功。

学生对行为结果的归因而非行为结果本身影响其未来的学习行为。学生的归因无论是积极的还是消极的，对个体而言都是重要的，这些归因一方面为学生修正和完善自己提供了契机，另一方面为教师了解学生学习动机的真实状况提供了依据。教师在此基础上才能有针对性地对学生进行指导。实践表明，将学业成绩差归因于努力不够等可控的内在因素的学生，他们愿意接受教师的帮助，奋发努力，取得好成绩；而将学业成绩差归因于任务、运气等个人无法控制的外在因素的学生，他们往往不去寻求教师的帮助，缺乏学习动机，不愿意继续努力学习。由此可见，进行正确的归因训练，帮助学生对自己的学习成败做出客观、准确的归因，有利于激发学生的学习动机。但是，仅有正确的归因是不能完全保证学习的成功的。

（五）中小学生的学习价值观与学习

1. 中小学生学习价值观及其分类

（1）中小学生学习价值观

价值观是指个体自身认为（或社会共识）是正当的，并以此为判断是非善恶的标准：合乎该标准即被判断为有价值，不合乎该标准则被判断为无价值。价值观是个体动力系统中的核心要素，个体依据价值观对事物的价值做出判断。

学习价值观是学生对于自己正在进行的学习活动的总的看法，是对学习有无价值以及有何种价值的判断。学习价值观是在人生观和价值观的基础上产生的，学生的人生理想和人生目标都将直接影响他们的学习热情和学习动力。任何学习活动都是在一定的学习价值观引导下进行的。如果学生认为学习知识毫无价值，那么他们将很难产生强烈的学习动机。

（2）中小学生学习价值观的分类

中小学生学习价值观可分为目标性价值观、手段性价值观和责任性价值观三大类。目标性价值观包括物质性和精神性两方面，前者指获得文凭、追求地位和婚姻家庭等方面；后者指通过学习达到心灵的一种安稳，对生活形成一种稳定的态度和看法。手段性价值观包括知识努力取向、智慧机遇取向和完善人格取向三类。责任性价值观包括对家庭、社会和个人三方面。

2. 中小学生学习价值观对学习的影响

学习价值观的不同取向对学生的学习动力具有决定性的作用，它直接影响着中小学生学习过程与结果。

（1）影响学生的学习责任感

中小学生的学习价值观总体上偏重个人主义学习价值观。中小学生在学习中更为重视成就与家庭责任，而缺少将社会责任感作为学习的强大动力，表现为不能产生以奉献社会、报效国家、促进社会进步、实现自身社会价值为强大动力的学习行为，在学习中更重视成就与地位，遇到困难时不能首先想到学习不仅是为了自己，更重要的是担当和实现自己的社会责任，因此不能产生敬业、奉献、分享、合作与利他的学习行为。

（2）影响学生的学业情绪

学习价值观能够显著正向地影响积极高唤醒和积极低唤醒学业情绪。学习乐观在学习价值观对学业情绪的影响中发挥着中介作用。

当学生能够基于社会、家庭与个人视角认知与评估学习价值时，就会对学习产生较多积极的预期。在这样的预期之下，学生对于学习任务的艰巨以及个人能力的限制持乐观态度，并产生积极的情绪体验。反之，如果学生找不到学习活动在知识之外的价值，就会产生更多的负性情绪体验，悲观、失望，失去坚持的动力，这时学习就成为压力和负担，难以继续坚持。

（3）影响学生的学习投入

学习价值观直接决定了个体是否能产生持久的积极的学习态度与行为。基于社会责任、个人成就与发展的价值观能够使学生产生学习的动力与奉献的态度，更能够帮助学生专注学习，为完成艰巨的学习任务付出足够的时间与努力。

学习价值观过于功利的价值取向会导致学生对于学习价值的认识狭隘，知识面过窄，缺乏独立思考与批判质疑精神，难以对所学知识进行深入思考，难以联系实际，难以看到世界的普遍联系。因此，学生不会花费更多的时间与努力去实现高水平的思考与行动。

（六）中小学生学习动力的培养

1. 激发学生学习动机

教师对学习动机的激发应从内外两个方面入手，并重视外在动机向内在动机的转化，引导学生将基本需求提升为发展需求，从满足学生合理需求到激励学生追寻学习价值，指导学生通过合理的归因看待学习成败。

（1）帮助学生制定具体而详细的近期目标，并及时提供反馈。教师要帮助学生制定具体而详细的近期目标,帮助学生在学习过程中依据这些具体的目标判断自己的行为,清楚自己的观点,并找到多个依据支持自己的观点,阐明自己选择某种依据的理由。这样能够促使学生独立思考,建构属于个人的知识、见解、思想。同时,教师在帮助学生建构目标的过程中及时提供反馈,使学生清楚自己的差距和需要付出的努力。实践表明,如果教师在教学过程中能够为学生提供更多积极的反馈,可以使学生更自信,更愿意积极思考,提高学业成绩。

(2) 正确运用奖励机制。奖励有助于激励学生建立自信心和自豪感,继续努力学习。但奖励只能激励少数学生,尤其是教师如果滥用奖励,会使学生变得更功利、更为重视奖励和竞争,而无视学习思考的过程、质量,低估学习的艰巨性和复杂性,减少所付出的努力,表现在为分数、考试而学习,视学习为负担,缺乏科学精神与学习理想,目光短浅、敷衍、不负责任等。同时,功利的学习动机也难以使学生学以致用,将所学知识、技能、态度、情感、思维方式迁移到未来的职业发展与生活中。因此,教师应把分数、对成绩的认可作为对积极思考、努力学习的奖励,而不是仅仅为了竞争本身。对于较为具体、明了的常规性知识的学习,教师应帮助学生形成"努力就能够获得奖励"的积极期望,公平对待每一个学生。对学业成绩较差的学生,教师应适当降低要求,鼓励每一个微小的进步;对于成绩优异的学生,教师应提出更高的要求,指出努力的方向。

(3) 营造建设性的竞争氛围。过度竞争会导致学习的功利化,也可能导致人际关系恶化。但没有竞争,也会使学生的学习缺乏动力。因此,教师应采用适当方式营造班级建设性的竞争氛围。首先,引导学生建立公平竞争的观念,在竞争中注重获取知识、提高技能,而不是取得好分数、好名次。其次,建立个性化的竞争评价标准,引导学生关注知识掌握得怎么样,而不是一味地与同学比较;保证所有学生都有机会获胜,最大限度地减少失败感;引导学生对竞争结果做出积极反应,向成功者表示真诚的祝贺,不允许嘲笑和歧视失败者。最后,鼓励合作学习。教师鼓励合作学习中的小组竞争，引导学生在竞争中建立集体意识。小组学习基于整个小组的表现比较、评价学业成绩，淡化了个体间的差异，降低了学生在失败中的消极情绪感受，提高了小组成员之间学习多种观点的能力。在小组学习中，学生通过辩论、质疑、争论等高级思维方式深刻理解所学知识，提高了小组成员对成功的自我评价，增强了自我效能感，也使低成就学生的学习兴趣、信心得以提高。不过，在此过程中，教师应防止失败的合作小组成员之间互相抱怨甚至诋毁。

2.采用多种方法培养学生的学习兴趣

兴趣能够推动学生关注知识、扩充知识，主动探索。学生的学习兴趣越浓，对学习材料的情感反应越积极，学习的坚持性越强，思考越深入，对材料的记忆效果越好，学习成就越高。

第一，教师应在鼓励学生自主选择、积极主动学习的基础上，引导学生将新知识与已有知识建立联系，并在此基础上了解自己知道什么、不知道什么。教师在教学内容上选择大多数学生所熟悉却没能深入了解的内容，引导学生在熟悉和不熟悉的知识之间进行深度加工，并提供较丰富的背景性知识帮助学生理解，这样做尤其能够使那些不会主动积极学习的学生建立对学习的兴趣与渴望。同时，教师应引导学生根据自己的兴趣选择适合的学习方式，尤其是重视组织学生参加实践活动，引导学生在解决问题的实践中体验成功的愉悦与自豪、学习知识与思考的乐趣。

第二，教师应注重引导学生拓展学习，扩大知识面，帮助学生获得知识理解的更多线索，并在此基础上帮助学生抓住相关的主题，使学生明确思考方向，了解哪些内容对于完成学习任务更为重要。对于那些学习主动性差、理解能力较低的学生，这一点更为重要。此外，教师还要重视对所呈现知识的组织，为学生呈现内容生动、细节丰富、组织良好的教学内容，并在此基础上进一步引导学生深刻理解知识之间内在的、本质的联系。

第三，教师应通过建立对自己所教学科的兴趣引导学生建立对学习的兴趣。教师是学生学习的榜样，如果能够表现出对自己所教学科的兴趣，并让学生感到其在探究所教知识过程中体验到的乐趣，就会感染学生，增强学生对学习探究的愿望。同时，教师的思考方式，对待困难积极、乐观的态度也会影响学生的学习兴趣，使他们更愿意学习、更乐于探究。

第四，教师应引导学生在实践中学习。建构主义学习理论注重在实际情境中的教学，强调开发围绕现实问题的学习活动，尽量创设能够表征知识结构、促进学生积极主动建构知识的社会化的真实情境。因此，教师应创设与学习有关的真实的社会情境，将其作为学习整体的一部分，培养学生解决问题的能力，并为学生的学习提供社会性交流活动，以获得生动丰富的实践性、活动性知识。

教师与学生共同建构教育的主题，并把教育的主题与生活紧密结合，这是教育的真正意义所在。教师的教育行为应更重视学生对生活本身的认识和体验，让学生亲身参与社会实践，并在教师的指导下体验社会实践中的矛盾与冲突，进而学会通过合作解决矛盾与冲突，以提高自主选择的能力。在解决问题的过程中，学生能够学会对各种工具和材料的选择和使用，这对于学生知识的建构具有重要影响，而这些教育内容也是传统教育中的教材所不具备的。

3. 提高认知内驱力，促进学生成为掌握目标定向的学习者

认知内驱力是指学生在获得知识和解决学业问题过程中的内驱力，它与学习活动本身直接联系。学生在生存和发展过程中具有应对环境刺激和探究未知事物的倾向性，这种倾向性具有潜在的动机性质。要想使这种倾向性变成现实的、对学生的学习活动具有推动作用的动机，前提是学生在探究性学习实践中不断获得成功。成功的机会越多，认知内驱力就越强。显然，认知内驱力与学习活动本身相联系，学习成功的结果又强化了成就动机本身，因此，认知内驱力的产生与强化都来源于学习活动，应属于学习的内在动机，对学习活动具有极大的激励作用。

目标对于学生的学习是一种引领，教师应致力于帮助学生建立能够

促进高水平学习的目标。掌握目标定向的学习要求学生重视学习的内在过程，对信息进行深度加工。

（1）提高学生学习的主体性，促进学生主动学习

学习中的自主选择和自我决定有助于增强学生的内在动机，使学生学会控制自己的学习。

①尊重学生的自主选择。学习主体性首先表现为学习活动的选择性。学生不是被动地而是能动地接受外界的影响。随着学生社会化进程的发展，他们不断地在特定的人际关系中学习和接受不同的教育和影响，在此过程中，他们同样表现出选择性，最极端的表现是一些学生对不喜欢的教师的一切教育持排斥或抗拒的态度。尊重学生，首先是要尊重他们的自主选择，而不是代替他们思考，控制他们的一切活动。但是，过多的自主选择会使学生感到压力。当学生的自主学习能力不完善时，教师应引导学生选择适当任务作为自主选择学习的内容，并提供指导。

②激发学生的自觉性和能动性。学生的学习过程是积极的、能动的、由他律到自律的内化过程。学生的认知活动具有超乎想象的能动性，他们能将环境刺激通过自身积极主动的构建和内化活动转化为主体的经验，这样，社会价值观与道德规范以及外部经验才能转变为个体内在的意识与经验。在个体的认知与解决问题以及社会交往活动中，学生自身的积极参与是其心理发展最主要的因素。在相同的遗传与环境、教育条件下，个体能动活动的程度、主动参与的程度是个体心理发展出现性质与水平差异的重要原因。

首先，教师应以宽容的态度对待学生及其所犯的错误。老师应胸怀宽阔，具有开放性，对新的主题、事实、观念和问题采取接纳的态度，倾听多方面的意见而不是一面之词；承认和面对来自各方面的事实，并充分认识事物存在和发展的各种可能性；认识到即使是自己认为理所当然的观念，也存在错误的可能性；允许学生犯错误，鼓励学生不断探索的行为；在严格要求和批评学生的同时，也允许学生对自己的质疑和批

评，引导他们向理性、科学的轨道前进，培养他们独立思考与创造能力。

其次，教师应减少对学生的"控制"。为了减少教师的"指导"与"控制"所带来的学生思考能力与创造能力的降低，美国学者罗杰斯倡导了一种"非指导性教学"。在这种教学方式下，课程是不拘于任何形式的。任何时候、任何人，甚至教师也不知道下一分钟教室里会出现什么局面，会对哪一个题目展开讨论，会提出哪些问题。在这样的课堂里，师生享受到人类相互给予的一切自由。教师在这样的课堂里变成了"旁观者"和"参与者"，目的是为学生提供思考的时间和空间。

（2）避免公开评价学生缺点，引导学生正确对待错误

有些教师认为公开评价学生的优点能鼓励学生，但实际上这样做只能鼓励学业成绩优异的学生。而教师公开评价学生的缺点，更是强化了他们的缺点，使他们产生自卑感、挫败感。因此，教师应尽量减少公开批评与公开比较，而应私下里指出学生的缺点，保护他们的自尊心。

对待失败的态度极大地影响着学生后续的学习与努力。教师正确的态度是帮助学生建立对待困难的价值观：错误、困难都是暂时的，都是可以解决的。错误和失败提供了更为丰富的思考与体验，有了错误才会有进步、成长。对待困难的态度不是因困难而焦虑、沮丧，而是直面困难、解决问题。分析、讨论、认识错误产生的原因，将错误变成学生学习的契机，认识到错误是学习的一部分，将注意力集中于纠正错误，而不是体验无力感。

（3）为学生提供多样化的、他们感兴趣的、难度适宜的学习任务

首先，教师应注重培养学生多元化的思维视角，使学生看到对某一问题的认识可以有不同的思考。同时，设计新颖的、富于变化的学习内容，使学生对于新知识学习与已有经验之间产生认知"失衡"，致力于解决"失衡"，以此作为探究的重要动力。此外，通过变化的学习任务培养学生的学习兴趣，使学生认识到成绩不是能力的全部，将注意力集中于学习本身。

其次，设计难度适宜的学习任务。如果任务难度稍高于学生现有水平，能有效地激发学生挑战任务，而这种挑战能提高自我效能感和自尊感。因此，教师应注重调整学习任务的难度，选择那些对学生具有一定挑战性、付出一定努力才可能完成的任务。

此外，目标的确立要考虑个人的能力差异，用一种标准要求所有学生，不能激发大多数学生的学习动机，尤其是影响中等生和学习困难学生的学习积极性。因此，教师应鼓励学生不要将其同伴视作自身进步的参照点，而是作为一种不同观点和帮助的来源。

4.引导学生正确归因

学习归因所引起的心理变化会对学习动机与学习行为产生重要影响，因此，教师应采用客观、公正的归因方式，帮助学生正确分析自己学习的成功与失败。

首先，教师应教给学生"能力""努力"等正确的归因方式，即引导学生将成功归因于自己的努力和能力，将失败归因于自己不够努力，告诉学生成功是努力的结果，而失败是因为不够努力。如果一个学生经常被夸赞是"聪明的"而不是"努力的"，他会倾向认为是"聪明"而不是"努力"使他获得了学业成功，这会导致他低估成功所需要付出的时间和努力，从而减少学习投入，同时也降低了他对学习质量的判断与要求，不能深入思考，把复杂问题简单化。但是，任何时候都把学生学业的成败归因于"努力"也并不合适。如果学生认为努力不能改善自己失败的境遇，那么他们就可能会感到极大的失望。因此，教师在归因训练中一方面要使学生认识到自己的努力不够，另一方面要对学生的努力进行反馈，使学生了解努力所获得的结果，从而相信努力能够获得一定的成就。在学生失败时，教师进行学习方法的归因更有助于提高其学习积极性。学习方法也是一种不稳定的内部因素，这种归因方式既可以使学生继续努力，又可以使他们考虑如何改进学习策略，这样，学生就不仅考虑要继续努力，还会考虑如何去努力。

其次，教师在对学生学业成败进行归因时，要做到客观公正。通常情况下，教师可能较多地倾向在学生身上找原因，这就会导致教师对学生做出不公正的理解与评价，从而难以改进自身教学。比如，当教师青睐的学生取得好成绩时，归因于学生自身的能力等内部因素，当取得不好成绩时，归因于考试的难度等外部因素；而当不受教师青睐的学生取得好成绩时，则多进行外部归因，如运气等，取得不好成绩时则进行内部归因，如学生自身的能力不够等。这些归因偏差会使学生感到不公正从而影响其学习积极性。

5. 引导学生建立与社会责任、生活意义相联系的学习价值观

在过于重视外在动机的学习中，学生通常将取得好成绩与奖赏本身作为终极目标，而忽视了学习的内在意义、价值，仅仅热衷于为分数、竞争而学习，难以更努力、更自觉、更专注、更坚持；难以修正错误行为、乐观对待失败；难以培养独立思考、探究真理、质疑、批判的科学精神，在学习中形成恶性竞争的人际关系，甚至形成思维短浅、敷衍、不负责任、不求甚解的学习习惯；难以深入理解所学知识，并在实践中应用所学知识，成为对社会、对人类有所贡献的人。这些现象的存在使学生看不到所学知识对于未来个人发展与生活的意义和影响，也不能将知识与现实生活建立本质的联系。

因此，教师应致力于帮助学生理解学习的价值和意义：①培养学生对知识的兴趣，避免仅仅只为获得好成绩而学习；②发掘学生认为有价值的问题加以分析；③向学生展示某些知识的掌握与未来职业发展的联系；④要求学生理解并解释所学教材的内容；⑤基于社会责任帮助学生理解学习的社会意义；⑥将短期目标与长远目标相联系，引导学生建立长远目光，在完成具体目标的同时看到目标的未来，从而真正认识目标的意义与价值所在，使学习更具坚持性；⑦要求学生理解而不是简单地记忆所学知识，引导学生独立思考、深入分析、理解所学知识间的内在逻辑关系。

二、关于创建学校文化的思考

学校文化是学校发展中的一种特定的人本力量。它集中体现在学校的自我提升力与核心竞争力。

（一）通过评价促进方略转为具体的教育行为

学校文化可以唤起师生心灵的共鸣，为良好行为习惯的形成奠定了情感基础，而良好习惯的形成需要评价的平台，需要发挥评价的导向作用、激励作用与反馈作用。这就需要在学校文化环境中建立促进师生发展的评价体系，注重师生的行为规范，让师生的行为体现学校的文化。通过评价促进教育过程的转变，促进学校文化的形成。

（二）教师自身文化修养是学校文化中的主流

一个团结、敬业、学习、进取的教师队伍，是一所学校的脊梁，是一所学校流动着的校园文化。一个工作兢兢业业、勤于学习、追求审美、懂得爱心的老师，对学生所产生的影响是润物细无声的，也是生动而深刻的，这就需要我们将加强教师师德修养教育列入学校文化的创建工作之中。

（三）通过特色课程创建特色文化

一所学校要建构有自己特色的学校文化，就必须着力开发有特色的校本课程，有什么样的课程，就有什么样的学校文化。例如，利用校园广播或校园电视台，将学校追求与倡导的学校文化编辑成系列化的节目，生动地展示在师生面前。这种文化会陶冶学生的情操，形成良好的行为。总之，只有学校文化的建构能唤起学生的心灵的共鸣，产生积极而生动的情感效应，良好的行为才能具有坚实的情感基础，才能使学生在美的境界中不断提升自己的修养，进而全面提高学生自身的素质。也只有将学校文化与学生素质提高生动地结合在一起，学校文化才可以具备思辨力、内蕴力和穿透力；也可以具备亲和力、凝聚力和感召力，最终形成一种不竭的动力，并不断向外辐射和扩张。学校因此就有了无尽的人本力量，从而推动学校向前发展。

第三节　学生综合素质全面发展

一、教育观解析

(一) 教育观与素质教育观

1. 教育观

教育观是人们对教育所持有的看法，它既受社会政治、经济制度的制约，又受人们对教育要素不同观点的影响。具体地说就是人们对教育者、教育对象、教育内容、教育方法等教育要素及其属性和相互关系的认识，还有人们对教育与其他事物相互关系的看法，以及由此派生出的对教育的作用、功能、目的等各方面的看法。

教育观的核心是"教育为了什么"，即教育目的。由于教育目的的不同，教育者实施的教育活动也不同，从而区分了不同社会、不同时期的教育活动，也产生了不同的教育结果。

在同样的社会政治、经济制度中，也可以有不同的教育观，这是对教育活动内部的各种关系的认识上的差异而产生的。例如，在教育者与受教育者的关系上，如果强调教育者的中心地位，就会产生以教师为中心的教育观；如果强调受教育者的中心地位，就会产生以学生为中心的教育观。再如，在教育内容的德、智、体、美、劳等不同组成方面的关系上，强调德育的首要地位，就会产生以德育为中心的教育观；强调智育的首要地位，就会产生以智育为中心的教育观。

确立正确的教育观，需要正确认识教育的发展规律，正确认识教育活动的各种内部关系。

2. 素质教育观

(1) 定义

素质教育观是与应试教育观相对的一种教育观，是把教育活动目的指向"素质"——人的全面素质的教育观。素质教育观认为，教育活动应当指向人的整体的、全面的素质发展，使人的整体品质、全面素质得到提升。即先天的生理素质及后天环境在教育的影响下发展起来的心理素质和社会文化素质的全面发展。

（2）内涵

①素质教育以提高国民素质为根本宗旨。素质教育是以提高国民素质为根本宗旨的教育。因为发展素质教育，对促进经济和社会发展具有战略性、全局性、先导性的作用。

②素质教育是面向全体学生的教育。基础教育为提高全民族的素质打下扎实基础，为全体适龄学生今后的学习和参与社会生活打下良好基础。实施素质教育要求面向全体学生，促进每个学生的发展。

③素质教育是促进学生全面发展的教育。实施素质教育就是通过德育、智育、体育、美育、劳育的有机结合，来实现学生的德、智、体、美、劳等方面的全面发展。

全面发展不等于平均的全面发展，而是和谐的全面发展。实施素质教育就是要培养学生品德高尚，身心健康，知识丰富，学有专长，思路宽广，实践能力强，使学生学会做人，学会学习，学会劳动，学会创造，学会生活，学会健体，学会审美，成长为一个有理想、有道德、有文化、有纪律的社会主义事业的建设者和接班人。

④素质教育是促进学生个性发展的教育。人与人之间基本素质大体相同，但每个人由于先天禀赋、环境影响、接受教育的内化过程等方面存在诸多差异，存在多样的个性，我们把人的个性看作是人性在个体上的反映，是共性与差别的统一。因此，教育除了重视人的全面发展以外，也应当促进学生的个性发展。这二者是相互依存、互为表里的关系。

更好的教育是注重个体发展的教育，它要求教育工作者在最大程度上了解每一个学生，知道他们的长处和短处，更好地提供教育措施，更好地测量评价他们，让学生能够在最大程度上发挥潜能。

素质教育是立足于人的个性的教育。它在承认人与人在个性上存在差异的基础上，从差异出发，以人的个性发展为目标，实质上是一种个性发展的教育。

⑤素质教育是以培养学生的创新精神和实践能力为重点的教育。创新能力是一个民族进步的灵魂，是国家兴旺发达的不竭动力。培养具有创新精神和能力的新一代人才，是素质教育的时代特征。创新教育是素质教育的核心，是教育对知识经济向人才培养提出挑战的回应。

（3）外延

素质教育是连贯的、全方位的、全过程的教育活动。素质教育是终身的，不是对特定阶段、特定学校提出的要求，而是对各级各类学校提出的要求。

素质教育的实施贯穿幼儿教育、小学教育、中学教育、职业教育、成人教育、高等教育等各级各类教育，同时也贯穿学校教育、家庭教育和社会教育的各个方面。对学校教育而言，实施素质教育，纵向上存在于教育活动的各个环节上；横向上，意味着必须把德育、智育、体育、美育、劳育有机地统一在教育活动的各个环节。

3.小学素质教育

素质教育从纵向来看，贯穿幼儿教育、小学教育、中学教育、高等教育等各级教育。素质教育从横向来看，涉及普通教育、职业教育等各类教育。因此，小学素质教育是国家整个素质教育的有机组成部分。

小学素质教育是国民素质教育的组成部分，体现了与其他层次、形式素质教育相同的性质。小学素质教育强调教育的基础性，即小学素质教育培养受教育者作为国家公民的基础素质。小学素质教育应当对小学生进行全面发展的教育和面向全体小学生的教育。

（二）素质教育的目标与要求

1.素质教育的目标

（1）促进学生身体的发育

基础教育处于学生个体发育的关键时期，那么任何有助于并促进身体发育顺利进行的教育,就是好的教育;相反,就是不好的教育。

(2) 促进学生心理的成熟化

中小学阶段是个体心理逐渐成熟的阶段。素质教育要促进学生心理成熟化,逐渐成为一个能够独立面对社会,融入周围世界的主体。

(3) 造就平等的公民

基础教育是公民教育,而中小学教育又要求"全面提高国民素质",因此,基础教育有必要根据现行的公民权利和义务规定,确定自己的现实目标。

(4) 培养个体的生存能力和基本素质

素质教育着重于促进学生发展,使学生能够独立面对社会,具备生存能力和终身学习的基本素质。

(5) 培养学生自我学习的习惯、爱好和能力

现代社会科学技术的不断发展使学习不仅仅局限于学生时代,素质教育要教会学生学习,让学生能够自我学习并且愿意自我学习。

(6) 培养学生的法律意识

对中小学教育中的学生来说,法治意识必须从小就开始培养,使守法用法成为一种自觉的习惯行为。

(7) 培养学生的科学精神和态度

现代技术的根源是科学,而科学的本质是对真理的追求,对事实的尊重。大力培养学生的科学精神和态度,是我们基础教育尤其要着重变革的一个方面。

2. 国家实施素质教育的基本要求

(1) 面向全体

要面向全体适龄学生,让每一个适龄的学生都能进到学校里来,进到班级中来。面向全体学生,使每一个学生都在原有的基础上有所发展并充分发展。

(2) 促进学生全面发展

促进学生德、智、体、美、劳全面发展。

（3）促进学生创新精神和实践能力的培养

知识是重要的，但是知识不能限制人们的思维空间，而应该成为人们进一步认识世界，改造世界，发展能力的基础，应该把知识融入人的认知结构中。因此，创新能力、实践能力对素质教育来说尤为重要。

（4）促进学生生动、活泼、主动地发展

要想有所创新，必须以主动性的发挥为前提，真正尊重学生的主动精神，弘扬主动精神，这就要求教师要进行启发式教学，鼓励学生主动探索、主动思考，鼓励学生存疑、求疑，在教学中促进学生生动、活泼、主动地发展。

（5）着眼于学生的终身可持续发展

教是为了不教，不仅要让学生学会，更要让学生会学，教师不仅给学生知识，更要给学生打开知识大门的钥匙。在这样一个时代，我们的基础教育一定要培养学生的终身可持续发展的能力。

（三）学校教育中开展素质教育的途径和方法

1. 深化教育改革，为实施素质教育创造条件

树立素质教育理念，加大教育改革是开展素质教育的条件。

全面推进素质教育，是教育事业的一场深刻变革，是一项事关全局，影响深远和涉及社会各方面的系统工程。

2. 优化结构，全面推进素质教育高质量教师队伍建设

建设高质量的教师队伍，是全面推进素质教育的基本保证。教育者的综合素质将直接影响到教育质量，提高教师队伍的水平，最大限度地发挥教师的作用在很大程度上决定着素质教育的成败。要提高教师的综合素质，就必须做到以下几点。

（1）更新教师的教育观念

教师的教育观念作为对教育活动的一种价值取向，内含着教师对教育现象的理性认识及其对教育需求的认识，对教师的教育行为具有指导作用。

（2）提高教师的师德素养

师德对实施整体改革、实施对全体学生全面素质教育起着关键性的

作用。素质教育要求教师要树立正确的教育观、质量观和人才观，增强实施素质教育的自觉性；要不断提高思想政治素质和业务素质，教书育人，为人师表，敬业爱生；要有博学多识的业务知识和终身学习的自觉性，掌握必要的现代教育技术手段；要遵循教育规律，积极参与教学科研，在工作中勇于探索创新；要与学生平等相处，尊重学生人格，因材施教，保护学生的合法权益。

（3）强化教师在职进修制度，进一步提高教师的待遇，优化学校管理

建立优化教师队伍的有效机制，提高教师队伍的整体素质。合理配置教师资源，努力造就能够带领广大教师和教育工作者积极实施素质教育的学校领导以及管理干部队伍。只有这样，才能最大限度地发挥教师的作用。

3.将教育目的落实到教学之中

素质教育对课堂教学的最基本要求是把教学目的落实到每一堂课，乃至教学的每一个环节。现行的课堂教学不能仅仅只注重对知识的理解和应用、对思维品质的培养、对一般的学习能力和特殊的学习能力的培养，还要重视对学生学习兴趣的激发、学习动机的培养、学习需要的满足、学习方法的指导、学习态度的端正，这些都要渗透到教学的目标要求中，要贯穿课堂教学的每一堂课，乃至每一个环节。

积极开展多种形式的实践活动，是实施素质教育的重要方法。多种形式的实践活动，包括德、智、体、美、劳全面发展。多种形式的实践活动包括德育性质的共青团、少先队和学生会的活动，社区服务活动，以及社会德育基地的活动等；智育性质的学科实践活动，特别是研究性学习活动等；体育性质的群众性体育活动和课外体育锻炼等；美育性质的课外文化艺术活动和文化场所参观等；劳动技术教育性质的课外实践、社会生产劳动、科技活动等。

4.教学内容要与生活实际紧密结合

新课程改革当中要求改变课程内容"难、繁、偏、旧"和过于注重

书本知识的现状，加强课程内容与学生生活以及现代社会和科技发展的联系，关注学生的学习兴趣和经验，精选终身学习必备的基础知识和技能。

因此，在对教学内容的选择上就要根据基础教育的任务、教育的基本规律和学生身心发展规律，考虑学生终身学习和发展所需的基本素质，结合各门类课程特点，渗透对学生全面发展、个性发展与创新精神实践能力的要求。

5. 调动学生的主动性和积极性

没有最大限度地发挥学生的潜力，没有从根本上调动全体学生学习积极性，不能真正让所有学生参与教学，不教学生如何学习，是影响教学质量深层次的问题。因此，判断教育者有没有掌握素质教育的方法，就要看教育者是否能够引导学习者主动学习，在教育者的帮助下学习者是否学会了学习。只有当学习者主动学习，又学会了学习，才能表明教育者掌握了素质教育的基本方法和思想，表明教育者所采用的方法符合素质教育的要求。

(四) 素质教育观的运用

1. 素质教育

(1) 全面素质

素质教育所指的"素质"，指人的全面素质，是"德育为先，五育并举"的教育，而不是人的某一个方面的素质。

而素质教育培养的完整的人，接受过良好的思想道德教育，懂得怎样做人；接受过系统的知识与能力的训练，具有一定的认识世界与改造世界的能力，能够承担社会分配的一定的工作；能够接受健康教育与体育训练，有健康的体魄，因而有体力承担一定的社会工作；此外，接受过审美训练，具有在生活中感受美和创造美的能力；最后，还接受过劳动技术教育，因而热爱劳动，富有勤奋创造精神，能够为社会创造财富。

(2) 价值取向

素质教育把教育的价值定位为培养社会进步所需要的人才。教育归根结底是培养社会所需要的人才的活动，即培养社会所需要的人才来为社会服务的。素质教育强调培养人的"创新能力和实践能力"，强调培养"社会主义的建设者和接班人"，符合社会的需求。

（4）教学方式

素质教育要求转变这种单一的、被动的学习方式，提倡和发展多样性的学习方式，特别是要提倡自主、探究与合作的学习方式。让学生成为学习的主人，使学生的主体意识，能动性和创造性不断得到发展，发展学生的创新意识和实践能力。

（5）评价方式

素质教育评价方式上的改革主要体现在五个方面的评价观念的转变：以量化评定与质化评定相结合的方式取代量化评定；评定的功能由侧重甄别转向侧重发展；既重视学生在评定中的个性化反应方式，又倡导让学生在评定中学会合作；强调评定问题的真实性、情境性；评定不仅重视学生解决问题的结论，而且重视得出结论的过程。

2. 素质教育的实施障碍

素质教育是面向所有学生的教育，但有观点认为学生个体存在差异，因此面向全体的教育是不可能的。然而这种观点也是违背素质教育观的，是对素质教育观的误解。

素质教育并不否认人的差异，不否认受教育者有不同发展的可能性。素质教育尊重人的差异和人的发展的不同，是社会对多样性人才需求的反映。素质教育面对所有学生，是通过因材施教，使得所有接受教育的人都能够通过素质教育，获得符合自身个性的发展。

二、学生观

（一）"人的全面发展"的思想

关于人的全面发展的思想学说是我国确立教育目的的理论依据。

1. 人的全面发展的概念

人的全面发展是指人的劳动能力，即人的体力和智力的全面、和谐、充分的发展，还包括人道德发展。

2.人的全面发展的基本内容

（1）人的发展同其所处的社会生活条件是相联系的

马克思和恩格斯运用唯物主义的观点来考察人的发展的问题，指出，这不决定于意识，而决定于存在；不决定于思维，而决定于生活；这决定于个人生活的经验发展和表现，这二者又决定于社会关系。

（2）旧式分工造成了人的片面发展

马克思和恩格斯在考察了人类社会发展的历史后指出，在第一次社会大分工后，城市和农村的分离，脑力劳动和体力劳动的分离，造成了人的片面发展。旧的社会生产分工和不合理的生产关系是人片面发展的原因。人的片面发展的基本特征是脑力劳动和体力劳动的分离和对立。在资本主义社会初期的工场手工业里，人的身心发展的片面化、畸形化，脑力劳动和体力劳动的分离和对立达到了顶点。

（3）机器大工业生产提供了人的全面发展的基础和可能

资本主义机器大工业的出现和发展，为人的全面发展开辟了道路。首先，机器大工业生产的出现，使生产力得到了极大提高，从而使人的全面发展成了社会的客观需要。其次，机器大工业生产也为人的全面发展提供了可能和条件。因为机器大工业生产的发展，提高了劳动生产率，缩短劳动时间，创造了丰富的物质生活条件，使劳动者有充分的时间去学技术、学文化，从而发展自己的兴趣、爱好和特长，以适应大工业生产的需要。

（4）社会主义制度是实现人的全面发展的社会条件

机器大工业生产所提供的人的全面发展的可能性，在资本主义社会是不能充分实现的，而社会主义制度是实现人的全面发展的社会条件。这是因为，生产资料的公有制性质决定了每个人都必须参加生产劳动，而生产劳动又为每个人提供了全面发展的机会，同时，生产资料公有制的实现，为全体劳动者提供了物质和精神条件，从而进一步促进了人的全面发展。

(5) 教育与生产劳动相结合是培养全面发展的人的唯一途径

教育与生产劳动相结合是马克思和恩格斯教育思想的重要内容之一，被视为培养人的全面发展的唯一途径。

(二)"以人为本"的学生观

1."以人为本"学生观的内涵

"人的全面发展"思想不仅指导着教育目的的制定，而且伴随着素质教育，新课程改革的深入和全面发展，全方位影响着当代中国教育方针的制定和调整。而"以人为本"战略思想的提出进一步落实和深化了"人的全面发展"思想。

"以人为本"的教育战略思想把人置于教育发展的起点和目标上。进一步明确了教育的根本目的是培养德智体美全面发展的社会主义事业建设者和接班人，确立了把促进学生健康成长作为学校一切工作的出发点和落脚点。

"以人为本"是素质教育的根本属性，"以人为本"最坚实的落脚点在于将"以学生为本"的思想落实在教育教学过程之中，充分尊重、关心和信任学生，在教育教学过程中用恰当的方式引导、呵护学生，尊重学生的生命主体意识，把课堂还给学生，让学生发挥教育的主体作用。

"以人为本"的学生观很好地体现和遵从了学生的本质属性，将学生视为发展中的人，尊重个体的独特性，并切实地在教育教学过程中将学生放置在发展的主体位置。

(1) 学生是具有独立意义的主体

以人为本的学生观要求把学生置于教育活动的主体地位，注重学生的主体性需求，关注学生的全面成长，把学生真正地当作"人"来开展教育，尊重学生的自主意识，不以教师的个人意志去支配学生，按照学生的成长规律开展具体的教育教学活动。

①学生在教育活动中处于主体地位。素质教育强调学生在学习活动中是认识的主体、实践的主体和发展的主体，是学习的主人。教师需要树立学生在教育过程中的主体地位，充分地调动学生的主观能动性，引

导学生积极主动地参与到教育活动过程中，从根本上转变传统的学生角色观念，帮助学生从被动地接受知识灌输转变为在教师的指导下自主地探究。在这种学生观的引导下，学生具有较强的自主探索精神，眼界开阔、思维活跃，具有良好的适应能力和开拓进取的精神。

②学生具有个体独立性，不以教师的意志为转移。学生作为个体，具有主观的意志，学生接受知识的过程并非是简单地被动接受知识，而是经过自己的考量之后做出的判断。由于学生自身认识的不同，造成了学生学习效果的不同，说明学生在思想上具有鲜明的独立性和自主性。作为教师必须尊重学生的个体独立性，不能把自己的个人意志强加于学生的思想之上，要客观地看待学生的成长与成才，把学生当作不以自己的意志为转移的客观存在，当作具有个体独立性的人来看待，因势利导地去施加教育，推动学生个体的健康成长。

③学生在教育活动中具有主体的需求与责权。学生主体性的根源在于个体需求与责权的统一。学生是认识世界和改造世界独立的主体，在教育教学活动中，具有学习的自主需求和动力，拥有享受相关需求的权利。教师要尊重学生的主体性需求，同时也要引导学生学会对学习、对生活、对自己、对他人负责，学会承担责任，使学生认识到权利与权责是并存的，更是统一的，在享有一定权利的同时也必须承担着一定的责任，这是学生主体性的客观要求。

（2）学生是发展的人

学生的发展是指学生在遗传、环境和学校教育以及自我内部矛盾运动的相互作用下，身体和心理两个方面所发生的质、量、结构方面变化的过程及结果，是内外部因素综合作用的结果，学生作为发展的人，其发展的根本动力是其身心发展的社会需要与个体现有发展水平之间的矛盾。

①学生的身心发展具有规律性。个体身心发展的一般规律是顺序性、阶段性、不平衡性、互补性和个别差异性。

顺序性。身心发展的顺序性是指人的身心发展是一个由低级到高级、由简单到复杂、由量变到质变的连续不断的发展过程。如身体的发展遵循着从上到下、从中间到四肢、从骨骼到肌肉的顺序发展。心理的发展总是按机械记忆到意义记忆、由形象思维到抽象思维、由情绪到情感的顺序发展。

阶段性。身心发展的阶段性是指个体在不同的年龄阶段表现出身心发展不同的总体特征及主要矛盾,面临着不同的发展任务。如小学生的思维具有较大的具体性和形象性特点,不容易理解抽象的道理。

身心发展的阶段性规律决定教育工作者必须根据不同年龄阶段的特点分阶段进行,在教育教学的要求、内容和方法的选择上,不可以搞"一刀切",要注意各阶段间的衔接和过渡。

不平衡性。身心发展的不平衡性是指在连续不断的发展过程中,儿童身心发展的速度并不是完全与时间相一致地匀速运动,在不同的时间里,其发展的速度和水平是有明显差异的。具体表现在以下两方面。

一是同一方面的发展在不同发展时期是不均衡的,如个体身高体重的发展存在两个高峰期——婴儿期和青春期。在这两个高峰期内,身高体重的发展较其他时期快得多。

二是不同方面在不同发展时期具有不平衡性。即有的方面在较早的年龄阶段已经达到了较高的发展水平,有的则要到较晚的年龄阶段才能达到较为成熟的水平。如学生的感知发展达到成熟水平要比思维发展早得多。

因此,教育要遵循儿童身心发展的不均衡性,适时而教,即要在儿童发展的关键期或最佳期及时地进行教育。所谓关键期是指人的某种机能在某一年龄阶段最适宜于形成的时期,也叫作最佳期或敏感期。在这一时期进行教育才能取得最佳效果,如果错过了关键期,教育的效果就会降低甚至永远也无法取得成功。

互补性。身心发展的互补性是指机体各部分或心理机能与生理机能之间存在着互补关系,某一方面受损或缺失之后可以由其他方面的超常发展得到弥补。具体表现在以下两方面。

一方面，机体某一方面的机能受损甚至缺失后，可通过其他方面的超常发展得到部分补偿，如盲人的听觉通常会比较发达。

另一方面，互补性也存在于心理机能和生理机能之间。如身患重病或有残缺的人，如果他有顽强的意志和战胜疾病的信心，身心依然得到发展。

身心发展的互补性要求教育应结合学生实际，扬长避短，注重发现学生的自身优势，促进学生的个性化发展。

个别差异性。身心发展的个别差异性是指不同个体之间的身心发展存在着速度和水平的不同。这种不同表现在以下两个方面。

一方面从群体的角度看，不同的群体之间存在着差异，如男女性别的差异；不仅是自然性别上的差异，还包括由性别带来的生理机能和社会地位、角色、交往群体的差别。

另一方面个别差异表现在身心的所有构成方面，其中有些是发展水平的差异，有些是心理特征表现方式上的差异。

根据身心发展的个别差异性，教育必须因材施教，充分发挥每个学生的潜能和积极因素，有的放矢地进行教学，使每个学生都得到最大的发展。

②学生具有巨大的发展潜能。以人为本的学生观要求教师应当把学生看作发展过程中的客观存在，用发展的眼光去看待学生，倡导对学生进行形成性评价。从本质上讲，学生处于人生发展的特定阶段，具有很大的不稳定性和可塑性，教师应当避免只关注学生的现实情况，要挖掘学生可能出现的各种情况，实现对学生成长的全局性把握，甚至全人生的指导，坚信每个学生都是可以积极成长的，是有培养前途的，是可以获得成功的，对教育好每一位学生充满信心。同时尊重学生理性思维能力，尊重学生自由意志，把学生看作独立思考和行动的主体，在与教师的交往和对话中，发展个体的智慧潜能，陶冶个体的道德性格，使每个学生都达到自己最佳发展水平。

（3）学生是具有个性与差异的人

以人为本的学生观不仅要求将学生作为一个整体来全面看待，而且要关注学生的个体差异和个性化成长。以人为本的学生观，是面向全体学生的，更要关注每一个学生的发展，承认学生的个体差异性，满足学生的个性发展要求。

①人的全面发展是以承认学生差异和个性发展为基础。人的全面发展不等于各方面的平均化发展，教育活动涉及德、智、体、美、劳等诸多方面的内容。人的全面发展思想要求每个受教育者作为一个独立而完整的个体，各个方面都能够获得应有的发展。同时也要承认人的各个方面发展水平具有一定差异性，不能用同样的标准去衡量各个方面的发展指标。"尺有所短，寸有所长"，智育成绩欠佳的学生，可以有高尚的道德。不擅长艺术表演的学生，可以有高超的劳动技能。人的全面发展，要求每一个人在德、智、体、美、劳等各方面都得到发展，这种发展，承认学生个体差异，重视人的个性发展，是对学生发展不同步的认同。全面发展的人，不应该是千篇一律的，而是充满个性并有自身特点的人；完整的人，也不是各个方面平均发展的人，而是在全面发展基础上个性又得到很好发展的人。因此尊重个性的全面发展是人的全面发展的本质要求和最高境界。

②学生的个性与差异要求切实贯彻因材施教的教育理念。教育的生机和活力，在于促进学生的个性健康发展，是学生自身发展的落脚点和最终体现。素质教育要求教师正视学生的个体差异，克服按统一标准和尺度去衡量学生，追求完全趋同、整齐划一的弊病，根据学生各方面情况进行因材施教。这就要求在教育过程中贯彻个别对待原则，讲求因时制宜、因人而异，为学生创设良好的成长成才条件。从个性化的角度入手，力求使每一个学生在不同领域内有所专长、有所成就，培养大批的创新型人才，为增强民族创新精神和能力奠定坚实的基础。

2. 小学生的发展特点

(1) 小学生感知觉发展的特点

随着年龄的增长，小学生在教学活动的影响下，感觉的随意性、感受性不断发展，特别是差别感受性的增长要快于绝对感受性的增长。小学生在音乐学习和训练的影响下，辨别音调的能力明显提高。同样，通过学习活动，小学生的语言听觉和语言运动觉发展也很快，已逐渐接近成人的水平。在书写、绘画制作等教学活动中，小学生手部的肌肉、关节、力量都有了显著的发展。手部动作的精细性和灵活性也日益增强。

小学生知觉的发展主要表现在形状知觉，方位知觉和距离知觉三个方面的发展。首先，在形状知觉方面，小学生刚入学时容易疏忽客体的形状特性，而更多地会注视客体的其他特征。所以经常会出现在写字时有左右、上下颠倒的错误。随着年龄的增长，辨别形状的正确率会逐渐提高。其次，在方位知觉方面，随着年龄的增长，孩子们对位置和方向会有更清晰的知觉，左右方位和空间知觉都有很好的发展。最后，在距离知觉方面，小学生对空间环境中对象间较近的距离可以确定，对较远的空间距离则往往混沌不清。这说明小学生的距离知觉还是比较模糊，有时候还容易混淆。

（2）小学生记忆和想象发展的特点

小学生的记忆发展主要表现在三个方面。一是小学生的有意记忆和无意记忆随着年龄的增长而不断发展。随着学习动机的激发，学习兴趣的发展，学习目的的明确，有意记忆的主导地位越来越显著。二是从机械记忆向理解记忆发展。从机械记忆到理解记忆转化的关键年龄，往往与理解能力发展的关键年龄一致。三是形象记忆向抽象记忆发展。小学低年级学生知识经验还不丰富，记忆更多与具体形象相联系。因此，低年级学生往往表现为形象记忆。随着知识的丰富，智力的发展和教育教学的不断影响，小学生的抽象记忆能力不断发展，并逐渐占据优势。形象记忆和抽象记忆二者相辅相成，共同构成了小学生的记忆系统。

小学生的思维比较发散，想象也日益丰富。发散思维作为创造性思维的核心组成，是一种沿着不同的方向去探求多种答案的思维形式。小学生的想象经常是不合逻辑的，但是能够体现出孩子思维的活跃性。这也是小学生的创造性比更高学段孩子高的原因。低年级小学生的想象具有模仿、简单和具体的特点。随着年龄的增长，小学生的想象进一步发展,知识的丰富和经验的累积使他们对具体想象的依赖会越来越小,创造想象逐渐得以发展。

(3) 小学生情感的特点

随着年龄的增长,小学生的情感变化更加丰富、深刻和稳定。低年级小学生已经能够初步控制自己的情感,但是还常有不稳定的现象。高年级小学生情感更为稳定,自尊及希望获得他人尊重的感觉越来越强。其中最为明显的是道德情感的逐步发展。总体而言,小学生在道德发展方面,言与行基本上是一致的。但随着年龄的增长,逐步出现言行不一致的现象。此外,在小学生的道德发展中,自觉的形成和发展占有很重要的地位,它是小学生道德知识系统,以及相应的行为习惯的表现形式,也是道德他律向道德自律发展的重要标志。

(4) 小学生性格的特点

小学生的性格随着年龄增长不断发展。但其发展速度具有不平衡性。小学四年级前发展较慢,表现为发展的稳定时期。四年级后发展较快,表现为快速发展时期。这是因为小学低年级学生正处在适应学校生活的过渡时期,繁重的课程和学业压力使他们焦虑紧张。而小学中高年级的学生已经适应了学校里以学习为主的生活。集体活动范围逐步扩大,同伴交往日益增加。教师、集体和同伴对儿童性格的影响越来越直接,也越来越大,使得儿童性格特点日益丰富和发展起来。同时,小学生的自我意识在不断发展,随着年龄的增长,学生开始能够把自己与别人的行为加以对照,逐步脱离教师引导,独立做出评价。

3."以人为本"的学生观对小学教育的具体要求

(1) 把握小学教育的本质特征

①小学教育具有基础性。小学教育是整个国民教育体系的基础阶段,是儿童成长为合格社会公民的基础工程。完整良好的小学教育为人的一生发展奠定良好的基础。这种基础不仅包括科学文化基础,例如,学习各种知识、提高自身能力等,而且包括人文素养基础,例如,关心他人、崇尚节义、待人宽容及追求真善等。小学教育的质量如何,能否

为孩子的发展奠定基础，直接关系到儿童的一生能否健康发展的问题，也深刻影响着一个国家的民族素质。

②小学教育具有全面性。小学教育的全面性，也叫整体性，是指教育不仅要抓好智育，更要重视德育，还要加强体育、美育、劳动技术教育等，使诸方面教育相互渗透，协调发展，促进学生全面发展。一个人只有在这几方面都得到发展，才能具备今后发展的综合基础，人生的长足发展才有了可靠的保证。

③小学教育具有普及性。由于小学教育是起始教育，是接受学校教育的开端，是其他各级各类教育的基础，因此它是一个人接受学校教育必经的阶段。随着社会的发展，小学教育已经成为人人都必须接受的教育，也是人人都有机会接受的教育。在我国，目前的小学教育是义务性的基础教育。无论是正常儿童还是特殊儿童，都必须接受小学教育。小学教育的普及性，就是坚持教育要面向全体学生。每个人都应该得到发展，不应只注重部分学生的发展。这是每个学生的基本权利，应该得到尊重和保护。

（2）全面促进小学生的发展

①尊重学生个性发展。教书育人作为教师一切工作的出发点和归宿，是教师区别于其他职业的重要标志，其核心在于培养学生的个性，发展学生的潜能。作为教师要了解每个学生整体情况的不同，即使是同一班级的学生层次差别也较大。每个年龄阶段的学生，心理特点和智力水平既有一定的普遍性，又有一定的特殊性，教师既要从整体上把握教学目标，又要根据班级的实际情况以及学生的个别情况制定出具体要求。设计或选择丰富多样、适当的教育教学活动方式，因材施教，以促进学生的个性发展。因材施教包括两个方面：一方面是指教师能够从学生的实际情况出发，使教学的深度、广度、进度适合学生的知识水平和接受能力；另一方面是指教育要关注学生的个性特点，尊重学生的兴趣、才能、想象力和好奇心等。

教师在具体的教育教学工作中贯彻因材施教，需要保持着一种开放的心态，鼓励学生发出自己的声音。通过多种途径全面地了解每一个学生，了解其知识水平、接受能力、学习态度和他们的兴趣爱好以及思想、身体等方面的特点。只有这样，教师才能在重视学生共性发展的基础上去兼顾每个学生的不同，从而针对不同学生提出不同的要求、不同的教育模式和评价方案，使每个学生都成为具有高度自主性、独立性和创造性的人。

②关注学生心理变化。小学生的心理发展迅速，随着年龄的增长，他们的情感变化愈加丰富、深刻，自我意识日益增强。这个时期儿童的心理发展，更需要一个健康良好的环境去保障和呵护，开展必要的心理健康教育指导具有重要的现实意义。在小学教育中开展心理健康教育可以从以下几个方面展开。

首先，组织和开展心理健康活动课。开展相关的团体合作活动，如知识竞赛、演讲比赛等，让学生懂得合作和共处的重要性，获得判断是非对错以及抵抗诱惑的能力，学会正确认识自己和周围的人，掌握一定的自我心理调适常识。

其次，将心理健康教育渗透到各科课程中。教师在日常的教育教学活动中要树立心理健康教育的观念和意识，通过言谈举止，对学生开展心理健康教育。

最后，对个别有需要的学生进行专门的心理咨询和辅导。针对日常学习生活中，每个学生出现的各种各样的问题，如学习心态、同伴关系、师生关系等，及时了解情况，并有针对性地开展心理健康教育。

③注重形成性评价与终结性评价的结合。评价是教师最常运用的一种教育方式。评价不仅具有诊断的作用，而且具有导向、激励等功能。正确、适当的评价在促进学生学习和保障学生心理健康方面具有重要意义。当前教师在对学生评价时过分注重结果，忽视过程，这种只注重结果的评价方式不利于学生的成长。在对学生的评价过程中，教师要有意识地把形成性评价和终结性评价结合起来，使评价真正起到引导、激励学生成长的作用。

在对学生的评价过程中，教师应该多作肯定性评价，少作否定性评价，积极地鼓励和激励学生，避免伤害和打击学生。教师要用欣赏的眼光看待学生，充分肯定学生好的方面。这才是评价的意义所在。但是，鼓励学生并不意味着滥用表扬、夸大的表扬、只表扬不批评等。肯定性的表扬应该是真诚的、有针对性的，而不是盲目的、表面化的。

④汇集家庭与学校的教育合力。小学时期是学生身心发展各个方面的关键时期。特别是对于低年级学生而言，家庭教育的重要作用不容忽视。父母是人生的第一位老师。家庭同样也是学生生活、学习的重要场所，是学生首先接受教育和影响的地方，父母和子女之间有不可替代的特殊感情联系。因此，家庭教育在学生德、智、体、美、劳的发展中占有重要的地位，教师应该意识到家长在教育子女方面的责任。

教师应该与学生家长建立平等合作的良好关系。对于学生的教育问题，教师与家长应该经常沟通，形成一种教育合力。在讨论学生问题时，教师可以先评价学生的优点，再指出孩子存在的问题，让家长增强教育孩子的信心；教师应尊重家长，对于家长在教育方面存在的问题，以建议的方式提出要求；教师还要学会倾听家长对于孩子情况的分析，并作为了解学生的重要途径之一。家校良好的合作关系是促进学生健康成长的重要渠道，教师应该充分认识其重要性，并为之做出努力。

（三）教育公正与小学生的共同发展

运用"以人为本"的学生观来开展教育活动，要遵循"教育公正"的原则，处理好小学生发展的"共同性"和"差异性"问题。

1. 促进全体学生的共同发展要以教育机会平等为基本原则

在学校教育活动中，"以人为本"，也是以所有学生的发展为本，或者说以每一个学生的发展为本，必须坚持"教育公正"原则。

教育公正在教育活动中的体现，就是所有的学生都能够获得同样的教育机会，或者说教育机会对所有的学生来说是平等的。

教育机会平等原则的提出，是因为受教育者之间存在着差异。这些差异包括：性别、民族、地域、经济状况、家庭背景和身心发展状况等。教育机会平等就是要求公正地对待学生，不因性别、民族、地域、经济状况、家庭背景和身心发展状况而受到不同的对待。换句话说，无论学生有怎样的差异，给予他们的受教育机会都应当是平等的。

所谓教育机会平等，应当包括两个方面：一个是入学机会平等，一个是教育过程中机会平等。

2. 有差异的学生的共同发展

（1）学生的性别差异与共同发展

性别既是一种自然状态，也是一种社会文化状态。性别作为一种自然状态，是由遗传基因决定的。遗传基因的差异，会给不同性别的人带来发展的差异。所谓不因性别而造成受教育者的发展差异，做到促进男生和女生的共同发展，就是要做到不要因性别而形成一种性别学生发展的优势和另一性别学生发展的劣势。

（2）学生的民族差异与共同发展

民族是历史形成的，不同的民族在语言、习俗等方面有差异。

我国是一个多民族的国家，因此，在我国小学教育活动中，坚持"以人为本"，必须注意到民族差异，做到不同民族的学生共同发展，特别要注意少数民族学生的发展。

少数民族的语言使用范围较小，因而在学校教育中，双语教育就成为少数民族地区教育的特点。少数民族学生在接受教育中可能遇到的困难必须受到重视，使各个民族的学生都能得到发展。

（3）学生的地域差异与共同发展

中国人口众多，地域广大，经济发展不平衡，存在着地域发展的差异。坚持"以人为本"，也要做到不同地域的学生得到共同发展。

生活在经济发达地区的学生，可能在教学设施、教师配置比较优越的学校里学习。他们的家庭也可能比经济不发达地区的家庭给孩子提供更好的学习条件，因而地域差异可能成为学生发展中的一个问题。

教育者对来自不同地域的学生，不同的发展状况，要有正确的认识。正确地对待可能由于地域造成的学生发展差异，不能因学生所处地域的差异而歧视一些学生，要促进来自不同地域的小学生共同发展。

（4）学生家庭背景的差异与共同发展

家庭是社会的细胞，然而社会中的家庭却千差万别。家庭有经济情况的差异，有家长社会地位的差异，有家长文化水平的差异，有家长性格的差异，有家长教育子女水平的差异，还有家庭结构的差异。家庭的种种差异，可能会影响小学生的发展。

家庭经济情况好，家长社会地位高，家长文化水平高，家长性格健康，家长教育子女水平高，父母婚姻状况好，一般来说，可能会给子女创造比较好的学习环境。而家庭经济困难，家长社会地位低，家长文化水平有限，家长有性格欠缺，单亲家庭等，也可能给子女的学习造成困难。

教育者不能因为学生家庭的种种差异，以及这种差异给学生发展带来的困难而歧视学生。

（5）学生身心发展水平的差异与共同发展

一个人的身心发展水平，是在较长时间里，在各种复杂因素影响下导致的。教育者不可能面对学生身心发展水平完全一样的班级。最有可能影响教师在教育过程中对学生进行资源分配的因素，就是学生身心发展水平的差异。

从学生的自然状况看，他们的生理发展情况会有差异。特别是一些生理有残缺的学生，面对着更为困难的发展问题。

从学生的社会文化素质状况看，也会存在学习水平的差异。在教育活动中，教育者最有可能遭遇的问题，就是学生身心发展差异问题；教师有可能出现背离"以人为本"学生观的情况，也会出现在对待学生身心发展上的差异。

在教育活动中"以人为本"，特别要注意正确地对待学生身心发展的差异，要给予身心发展状况不同的学生以同样的关注，以促进学生的共同发展。

第四节 小学全科教师的本质内涵与培养路径

一、小学全科教师的本质内涵

对全科的内涵和意蕴的解读，将直接影响到人才培养模式的制定。国内学者对"全科"的理解形成了不同的观点。

第一种观点，将"全科"界定为"中小学全部课程""数理化通吃、音体美史地全扛"，科目边界涉及中小学教学中的所有课程。一些学者认为全科小学教师就应该具有现代的教育观念和创新精神，具备小学教师所有的核心素养，拥有所有课程的知识储备，并能出色地完成小学课程的教学任务。还有一些学者认为，"小学全科教师"应该是在学科知识和能力结构方面都很合理，不仅能顺利完成国家课程的教学任务，同时也能独立承担小学教育的教学、管理和研究工作。

第二种观点，将小学课程划分为文科、理科和艺体三大类，强调教师应该具备相应的素质，进而小学全科教师以某一类课程教学任务为主，完成同一年级平行班的课程教学，具体可以分为文科类、理科类和艺体类。此外，按照当前国内小学教育的传统培养模式，一部分学科认为，"小学全科教师"应该在主干方向课程如语文、数学、外语课中任意选择两门，具备精深、扎实的学科知识和熟练的教学技能，此外，也应该选修艺术类课程，具备基本的教学知识和能力。对全科教师的不同理解也影响了高等师范院校小学教师的培养模式，进而形成了学科方向培养模式和综合培养模式两大类。

针对小学语文、数学、英语、体育、音乐、美术、品德、信息技术、写字、科学等国家课程，根据小学教育的职业特点和人的身心、认知发展特点，将小学全科教师培养确定为"综合培养，学有所长"，即掌握一门课程教学，同时能兼修两门课程教学，实现学科的跨界、课程的整合、综合能力的发展。

二、小学全科教师培养的基本路径

当前，我国教师教育在终身教育理念的指导下基本确立了职前培养与职后培训一体化发展的基本格局。有鉴于此，我们认为，培养小学全科教师可以通过高师院校的小学教育专业实现职前有针对性的培养和职后有操作性的培训。

（一）职前培养

高师院校小学教育专业是培养教育性小学全科教师的主渠道。因此，要想培养合格的教育性小学全科教师，首先要推进高师院校小学教育专业的教育教学改革和创新。然而，当前高师院校在小学教育专业的设置和培养方面还均处于探索阶段，其涉及的培养理念、课程体系、课程目标和培养过程的实践指向等很多方面都还有待于完善。鉴于此，我们针对高师院校何以有效培养教育性小学全科教师的问题，提出如下基本思路。

1.思想引领：培养小教专业师范生的教育性意识

教育的改革与创新，必须理念先行。根据小学全科教师本身固有的基本内涵和特征，结合当前高师院校小学教育专业的办学实践，在小学全科教师培养方面，必须转变思想理念，重新确立小学全科教师培养的基本方向，即培养小教专业师范生的"教育性"意识。这里的教育性意识，一方面是指小学教育专业师范生必须意识到当下从事的小学教育专业知识的学习不只是简单地为拿几个学分而学习，更是为将来从事教书育人活动而学习；另一方面指小学教育专业师范生必须意识到在未来的教育教学活动中教书育人是根本，但其中育人更是核心。当然，未来小学全科教师的教育性意识的培养，同样离不开高师院校小学教育专业任课教师的教育性意识，即高校要能有意识地培养小教专业师范生的教育性意识。

2.课程重建：培养小教专业师范生的综合基础知识

高等教育中一个专业开设得好不好，与其专业的课题建设有着必然的关联。当前高师院校小学教育专业的课程设置，在兼顾其专业特殊性方面还不够，很多学校都还是以培养学科专业型教师为目的而分设语文专业、数学专业、音体美专业等相关课程。显然，这种简单把文学院、数学学院、音体美学院集中起来的培养方式与培养教育性小学全科教师的基本意图不相符合。因此，高师院校小学教育专业为了更好地培养教育性小学全科教师，应进行课程改革，实现课程重建，从而更好地帮助小学教育专业师范生学习掌握综合性基础知识，以便将来更好地胜任小学全科教学。

课程作为培养目标的具体化，要体现出跨学科、综合化的特点。按照小学教师专业标准，将小学教师的能力划分为通识能力、学科能力和教育能力，因此，在课程设置上也要体现出对这三种能力的课程。通识课程体现出全科教育的"宽口径"，突出培养全科素质，以跨学科的方式整合课程，培养学生的人文素养、科学精神、艺术修养，进行教师道德建设。学科课程要突出小学教育的"专业性"，会通文理，兼修艺术。教师教育类课程要贯穿和融通所有课程，以实践和体验，提升对教师职业技能的掌握和运用能力。总之，在课程设置中要做到，坚持高等教育的共性、高师教育的特性、小学教育的个性，在完成通识教育课程之后，同时完成学科课程教学和教师教育课程教学的模式，以保证学生在四年的时间里完成这两大模块的学习。

在学科课程教学中，应该注意三点。第一，从内容难度来看，小学教育专业课程内容不宜过难，重点关注一些最为基础性的知识为宜；第二，从内容范围来看，对于小学教育专业师范生来说，语文、数学、英语及音、体、美等课程都应该学习，而不是只学习其中某一门学科专业知识；第三，积极探索一些语、数、外，乃至音、体、美等学科的交叉性综合课程。显然这里的综合性课程不是简单的几门学科相加，而是需要各学科的有机融合。

3.实践指向：培养小教专业师范生解决实际问题的能力

一方面，小学教育专业师范生必须经常走进小学课堂，参与小学教育教学实践，从而真正感悟教育性小学全科教师的角色使命和责任担当。另一方面，高师院校的小学教育专业的课程设置上也应该多开一些帮助师范生解决小学实际问题的课程。

（二）职后培训

从教师知识结构来说，合理、完善的教师知识结构应该由理论性知识和实践性知识共同构成。职前师范教育主要针对专业学科知识和教育学科知识的培养，属于理论性知识范畴。一般而言，实践性知识，即教师在真实的教育教学实践中，经过自己体验、感悟、反思形成的这一类知识，支配着教师的日常教学行为，它最主要的获得途径是职后的教育实践。从教师专业发展阶段来说，职业师范教育只是整个教师职业生涯的准备期，关注在职全科教师的培养将是发展的关键。因此，在"三位一体"的小学全科教师培养中，应该找到职前教育和职后培训的有效衔接方式。

1.培训方式

根据教师培训过程中教师参与培训的动力因素不同，小学全科教师的职后培训主要涉及外部给予式培训、外部诱发式培训和自主内发式培训三种。

（1）外部给予式培训

外部给予式培训是指教育行政部门通过招投标或直接指派具有小学教师培训资格的高等院校或专门性的培训机构。将小学教师集中起来进行一定时间的学习，并为其准备内容丰富的课程，邀请国内外知名教育专家进行授课。这种培训的特点是培训的主动权主要在培训机构，培训内容是由培训机构根据邀请专家的方便而开设的课程。显然，根据这种外部给予式培训，能够为教育性小学教师补充一些在教育专家看来必须掌握的必备知识。但是，这种外部给予式培训，在调动小学全科教师的积极能动性方面有些不足，且培训内容不见得能真正切合小学全科教师发展实际，因此其针对性方面也很难保障。

（2）外部诱发式培训

外部诱发式培训的主导者仍然是由教育行政部门通过招投标或直接

指派具有小学教师培训资格的高等院校或专门性的培训机构,但是培训的方式与外部给予式培训有所不同。外部诱发式培训,能够充分考虑小学全科教师的实际需求,在培训者的主导下进行有针对性的培训。比如,以同课异构等形式把参与培训的小学教师纳入培训主体的参与式培训,能充分调动小学全科教师的积极能动性,且培训的内容更加具有针对性。因此,外部诱发式培训能兼顾培训者的主导性与接受培训者的主体性,是当前一种能够积极协调培训者的实践性缺乏与接受培训者的理论导向不够之间的矛盾冲突的良好培训方式。

(3) 自主内发式培训

教育性小学全科教师的培训,主要靠校本研修。这种以校本研修为主的培训方式我们称为自主内发式培训,其主要包括教师自主研修、校内自主式培训、校际联盟式培训等。其主要特点是不需要教育行政部门的专门性主导,而是根据教师发展的实际需要和学校办学条件,进行以解决教育教学实际问题为导向且能够真正切合小学全科教师发展实际需要的可持续性的自主培训。

2.政策支持和学术引领

第一,激活教师专业发展的内在动力。影响教师专业成长既有社会因素、学校因素,但更为关键的是教师的个人因素,教师个体的需要、动机和态度及正确的教育观念都是教师专业发展的动力。因此,在职后继续教育中,通过教师的学习、教学实践、教学反思,形成正确的教育观,树立以学生为本的观念,以学生的发展为目的,在教育教学实践中真正做到将学生的全面发展放在首位。教育绝非仅仅是为社会培养人力资源,更重要的是促进学生成人的过程。

第二,构建良好的学校组织文化。组织文化作为一种育人环境,是学校文化中的重要组成部分,它不仅对身处其中的学生影响较大,还直接制约着教师的专业发展。良好的学校组织文化不仅能激发教师的工作动力,同时也能让他们养成良好的教学习惯,积累经验,形成特色。

第三,实施分层管理的教师专业发展路径。按照教师专业发展阶段理论，整个教师生涯被划分为不同阶段，因此，针对不同阶段教师实施不同的计划。

第五节　教师专业发展与教师教育

一、小学教师教学发展的内涵解读

小学教师教学发展表现出以下几个突出特点。

第一，主动性。小学教师的教学发展虽然受到诸多外部因素的影响与制约，但它决不是被动的、机械的，其发展的根本动力来自于小学教师自身的主观能动性，表现出极为强烈的积极性、主动性和自觉性特征。为此，小学教师教学发展一定要实现由"要我发展"到"我要发展"的转变与超越。小学教师在自身教学发展方面的追求应当是自主的，是源自内心对教学的正确认知、深深热爱和美好期盼，能够积极主动地确立发展目标，及时有效地展开批判性反思，并转化为具体可行的实际行动。

第二，阶段性。小学教师教学发展不是一个结果，而是伴随着教师教学生涯始终的持续不断的过程，表现出明显的阶段性特征。从一般意义上来看，小学教师教学发展可以划分为教学规划、教学执行和教学反思三个阶段。教学规划是指小学教师依据自身教学发展实际需要所制定的切实可行的行动方案；教学执行是指教学规划方案的具体实施及教学实践活动的实际运行；教学反思是指小学教师对自身教学发展过程及其达成效果的审视和评价。小学教师教学发展就是在这三个阶段循环往复的过程中螺旋式上升提高的。

第三，整体性。小学教师教学发展的内容既包括教学价值观和教学哲学观，也蕴含教学能力和教学学术，是这几个方面全面协调发展的结果，具有突出的整体性特征。教学价值观和教学哲学观是小学教师对教学所具有的意义和价值的反映，它是小学教师教学能力与教学学术水平提升的前提和基础；教学能力和教学学术作为小学教师教学发展的核心和关键，一旦得以形成和提高，又会反过来影响小学教师对教学价值观和教学哲学观的认识和理解。

第四，情境性。小学教师教学发展离不开丰富多彩的、生动活泼的教学实际生活，它是一个具有高度情境性的过程。一方面，小学教师的教学素养主要是依靠个体对教学实践的感悟和体认而获得的，小学教师必须基于自身教学理念和教学行为的反思，进行教学价值观和教学能力等的自主建构，进而获得教学发展的动力之源；另一方面，由于在多种因素影响下的教学情境具有十分突出的不确定性，决定了小学教师教学发展必须与教学的现实场域紧密联系，并与同行之间建立起良好的合作关系，在互助合作的文化氛围中更好地实现自身的教学发展。

小学教师教学发展上述四个方面的内容既彼此关联，又相互影响，它们结合成一个有机整体。

二、小学教师教学发展的路径选择

由于教学具有复杂性与不确定性、科学性与艺术性等特点，决定了小学教师的教学发展不是一种简单的"事实性存在"，而是一种受多种因素交互影响的"价值性存在"，具有十分鲜明的"系统工程"特征，其路径选择需要从多方面进行综合考量。

（一）转变教学理念：实现小学教师教学发展的前提

首先，小学教师要形成个体的教学哲学。有学者指出："教师的哲学，是指他在'哲学地思考'，像哲学家般地反思、抽象、批判教育教学中的各种关系，思考教育的目的、内容、方式方法抑或自己和学生的思维方式。"也就是说，形成个体教学哲学并不是要求教师成为教学哲学家，而是要运用哲学家的思维方式思考教学的本质、规律及其价值等问题，如"什么样的教学是好教学""什么样的课程是好课程""什么样的方法是好方法""什么样的教师是好教师""什么样的学生是好学生"等。只有对这些教学的基本问题形成正确的价值判断，才能引领教师教学发展的正确方向,激励教师积极主动地进行教学发展。

其次,小学教师要树立教学学术的理念。小学教师要树立教学学术理念,倡导像科学研究那样进行深入的教学研究,并且把教学研究融入教师的备课、上课、教后记、听评课和读书等日常教学过程的始终,在今后的研究中应扩大研究范围,开阔研究视野。

最后,小学教师要坚持正确的教学发展理念。教学既是一门科学,又是一门艺术,是一项专业性很强的创造性实践活动。小学教师教学水平的提高不仅需要向专家和同行学习,而且需要与学生合作交流,这是丰富与改善自身教学的重要路径。小学教师要意识到自身教学发展绝不是静态的结果,而是一个动态的、持续不断的、永无止境的过程,要积极主动谋求自身教学发展,勇于面对教学过程中的挫折与失败,在教学实践中不断反思和成长。学校要注意设计和实施常态化的、为教师所喜闻乐见的教学发展项目,积极营造有利于教师教学发展的教学文化、教师文化和学校文化氛围,鼓励教师更多地投身于教学活动和教学研究中,逐步形成自身独特的教学风格和教学艺术。

(二)激发教师自觉:实现小学教师教学发展的根本

小学教师的教学发展一般表现为两种基本路径:一种是"由外向内""自上而下"的"外驱式发展",它源于基础教育变革和教学质量提升的客观要求,由教育行政部门和学校主持开展的教学培训;另一种是"由内向外""自下而上"的"内源性发展",它源于小学教师自身教学素养和教学能力提升的内在需要,是小学教师自觉自主的教学发展。从根本上来说,小学教师的教学发展应当是一种"内源性发展",这是其教学发展的根本动力。为此,必须坚持"以人为本",最大限度地激发小学教师教学发展的热情与自觉。

首先,小学教师要加强研究性学习。研究性学习并不像传统学习那样过于看重结果,而是重视学习过程中的研究意识、创新思维、情感体验、人格模塑和道德养成。它具有突出的问题解决导向,重视在理论探究的基础上实现教学实践困惑和疑难的有效解决,因而对小学教师教学发展极具积极价值。

其次,小学教师要重视反思性实践。所谓反思性实践,其实就是以批判性反思的方式审视自身的教学行为和教学实践。

最后,小学教师要加强教学行动研究。教学行动研究秉持"在教学中、通过教学、为了教学"的理念,其核心价值追求在于对教师教学实践的参与和教学行为的改进,它能使小学教师把教室作为自然的"实验室"和"研究场",在清晰的自我效能感支配下实现研究和改善教学,从而促进自身教学发展水平的持续提高。

(三)完善制度设计:实现小学教师教学发展的保障

第一,要不断完善小学教师教学评价制度。小学教师教学评价不仅要注重教学工作量、作业批改和课外辅导数量、教研论文发表等定量评价,更要重视教学规范、教学效果、教学质量等定性评价;教学评价标准的制定要科学合理,既要面向广大教师体现出统一性,也要充分考虑不同学生群体和不同学科教师教学的特殊性;要通过教学评价的制度导向,引领教师把更多的时间和精力投向教学。

第二,要加大教学业绩在职称评聘中的比重。需要对职称评聘设定教学时数、教学质量量化的最低标准和教学学术水平的基线,在基本条件达标的情况下,优先依照其教学发展水平评定职称。

第三,加强对优秀教学奖励的制度化设计。优秀的教学成果也代表了小学教师的学术水平,因而应像对高水平科研成果的奖励一样,加大对优秀教学成果的奖励力度。

第四,要进一步完善新教师助教制度。助教制度是指刚分配到学校工作的年轻教师,前一两年要跟随教学能力优、教学效果好、责任心强的老教师做助手,通过这种"传、帮、带"提升其教学水平。这种制度一方面能使新教师了解自己所从事的学科专业,熟悉自己的教学活动场域;另一方面也能从老教师身上感受到敬业精神、学识修养、教学风格和教学艺术,从而更快地实现自己的教学发展。

（四）实行差异培训：实现小学教师教学发展的关键

作为教师专业发展的特殊领域，教师教学发展也是一个受诸多因素影响的动态变化过程，表现出自身特有的本质与规律。

针对新入职教师，要重视不同任教学科和不同教育背景教师的差异性，重点进行教育教学理论知识的传授，以及教学技能和技巧的训练；针对处于"高原期"的教师，培训内容要侧重于教学理念的转变和如何顺利度过高原期的心理咨询和心理疏导，培训方式要注意采用专家引领与教师同行之间的交流、反思相结合，培训时间上要注意经常及时、随时随地；针对教龄超过15年和具有高级职称的教师，培训内容应该侧重于学科专业前沿、新的教学理论、新的教学技术方面的学术性培训，培训形式要突出学术沙龙或学术研讨、头脑风暴、批判性反思等的价值作用，培训时间上则可以适当延长一些。

（五）建构发展共同体：实现小学教师教学发展的条件

小学教师的教学发展同样需要共同体的支撑，它能够为小学教师提供一个与新的教学思想理念、新的学习和研讨材料、共同体其他成员展开情感交流和智慧碰撞的良好契机。通过共同体情境中教师间的沟通、交流与分享，从而实现共同体所有教师的教学发展和教学成长。教学发展共同体一般是在学校日常教学活动中形成的，它可以以校为单位，也可以是校际或者区域间结成的联合体。

目前我国学校教学发展共同体主要有"实体"和"虚拟"两个类别：所谓"实体"，是指共同体成员之间可以面对面进行探讨和交流。如有些学校建立的"新教师共同体"，新入职教师为了更快地适应教学岗位，他们对教学能力提升具有强烈愿望，需要形成共同体以便能够及时获取帮助；再如以教学研究项目为支撑的共同体，它具有明确的教学研究和教学改革目标。通过成员之间的分工协作和集思广益，展开深入的专题式教学研究活动，撰写出高水平的教学研究论文，或形成新的教学方法与教学模式。

第四章 经验篇

第一节 全面实施课程改革

课程改革是提高教学质量的源头活水,学校以教学工作为中心,将教学质量作为学校发展的生命。"少教多学"的课改思想,主宰着教学方式与学习方式的改变,学校课程改革蓬勃发展。

一、办学思想

欣赏每一个孩子,让每一个孩子充满自信地面对生活、面对学习,让孩子一生的发展充满阳光、充满希望。这一办学思想引领学校在全面实施素质教育的轨道中不断前行。

(一)课改引领,学校发展充满生机与活力

学校课改规划目标鲜明,引领学校课改工作蓬勃发展。学生发展目标包括:基础扎实、特长明显、心理健康、思维创新、全面发展;教师发展目标包括:研究型教师——课改思想的践行者,专业型教师——课改行动的驾驭者,教学基本功——课改平台的示范者;学校发展目标包括:陶冶情操的殿堂,自主求知的天地,个性发展的乐园,健康成长的熔炉。

(二)德育为先,德育工作富有实效性、针对性

品德与社会(生活)学科教学成为德育的主渠道。将《安全教育》《法制教育》《公民理解教育》《民族常识教育》等省地方教材有计划地分解到品德课时之中,通过搜集信息、小组交流、课堂展示等方式,让德育目标灵动地在课堂中得以落实。学校每位校级领导,每学期对每位

品德教师至少随机听课两次。

　　星级学生评比活动是学生日常行为规范教育及《中小学生守则》教育的平台，星级学生评比细则覆盖了学生发展的各个方面。周评、月评、学期评呈现形成性评价机制，自评、组评、师评、家长评融入赏识激励教育思想。每学期每班10名星级学生、2名新三好学生、1名优秀学生干部、1名优秀值周生、1名优秀卫生委员，全班1/3的学生将在每学期一次的开学典礼大会受到表彰。

　　德育教育不求立竿见影，但求润物无声。每学期16次常规班会、16次主题升旗仪式、2次家长学校培训、四次社会实践活动，让学生在体验中净化心灵，燃烧激情与理想。

　　(三)"阳光体育"，促进学生身心健康发展

　　生命因健康而精彩，每天一小时体育锻炼，坚持中历练强健体魄；每月一项主题体育活动，竞赛掀起体育运动的热潮；每学期一次队列会操比赛，展示中绽放学生良好的精神风貌；每学年一届趣味健身运动会，展现体育的无限魅力。

二、课程建设

　　课程是课改的核心，教师是课改的关键，教与学的方式是课改的焦点，学生综合素质的提高是宗旨。国家课程按规定开设，地方课程有效融入，校本课程特色开设（"轮滑""乒乓球""古韵诗香"），无论是国家课程、地方课程还是校本课程，其呈现方式是教材，教师在使用时，拓展教材、浓缩教材已经成为一种理念和行为。

三、课堂教学改革

　　(一) 构建"赏识—自主"课堂教学模式，课改主阵地凸显

　　课堂教学是课改的主阵地，"赏识—自主"课堂模式让课堂灵动高效。从教学模式的构建到教师灵动的运用是实现这一目标的策略。课题研究计划的设计、教研活动的开展、教学论坛主题的确立、观摩与研讨活动的开展等都要围绕这一主题进行。因此，"赏识—自主"课堂教学

模式成为课改的优秀成果：课前赏识、兴趣激励→自主探究、目标激励→合作交流、评价激励→总结拓展、成果激励。

（二）关注教学效果，课改宗旨意识明确

课改的宗旨是提升学生的综合素质，通过笔试、非笔试、第二课堂成果展示、随机听课、学生作品集展示等形式，让课堂教学效果验收得以全面覆盖。语文古诗文背诵、作文检测、拼音验收、推荐书目阅读验收；数学计算验收；英语口语大赛、朗读验收；科学演示实验与操作实验验收；计算机操作验收；综合活动学生操作能力验收；体音美第二课堂成果展示验收等。校长与班子成员组成评委，亲临每一项抽检项目，每学期上百名学生在校长面前通过"一对一"式的检测验收，对教师的促动是强有力的，对学校全面质量发展的影响力是持久而生动的。

（三）运行赏识性评价，课改平台成为动力源

为学生和教师搭建课改展示的平台，在展示中让学生和教师体验学习与工作的价值，享受快乐。《大自然小学学生综合素质评价记录卡》和《学生素质手册》是学生成长的平台。每周一次教研展示课活动，每两月编撰一本校刊，每学期举办一次教学论坛、一次各学科观摩课，每学年印制一本课改成果集，构建教师专业提升的平台。

（四）抓实常规教学，课改工作平实中见神奇

追求教学效果是学校教学管理的宗旨。教学常规管理实行达标制，明确常规管理要求，实行校长抽样检查与相关学科负责人常规检查指导双轨制。充分征求广大教师意见，不断完善考核方案。

四、校本教研

（一）课题引领，课改理念融入校本教研

课题源于工作实际、工作困难、课改实践、经验总结、教育现象等。重在研究的目标指向，课题（先定课题，后行教研）—计划（针对课题，制订计划）—课例（结合课题，准备课例）—经验提炼（围绕课题，交流经验）。

每学期上交一篇促动深刻的课改反思、提炼一份有理论高度的案例式评课实录、撰写一份优秀教研展示课教案、完成一篇专题研究论文或经验、筛选一个赏识教育典型案例是学校常规教研成果。

(二) 全员参与，课改成果多样性呈现

全员参与课改，让每位教师都体验到课改的收获。教研课展示、校刊登载课改文章、教学论坛发表见解、课改成果集收入经验等都是教师体验课改成果的平台。

五、课程资源建设

(一) 标准化配置教学设施设备，课改环境得到保障

学校设有乒乓球馆、多功能厅、科学实验室、综合活动室、心理活动室、阅览室等16个专业教室。学校共有计算机225台，生机比为7：1，全校计算机实现全网络覆盖，实现千兆光纤到端口，百兆光纤到桌面，设施设备达到省定标准。

(二) 网络课程资源丰富，课改运行在教育技术信息化的轨道上

学校资源库由五部分组成，即互联网上资源、中教育星软件资源、巨龙软件资源、学校光盘及音像资源、教师自我开发资源。现有资源约2000G，全部存入容量为3000G的磁盘阵列器中，分光盘存储和硬盘存储两部分。

(三) 充分利用家庭社区课程资源，课改走出校园

市青少年宫、科技馆、市图书馆、社区图书馆等成为学校丰富的校外课程资源。

(四) 校园文化浓郁，课改浸透在润物无声的气息中

自然中孕育生命的活力，展示中陶冶真善美的情操。每一个角落都散发育人的气息，每一面墙面都讲述育人的道理，每一块橱窗都激励着学生求知与进取……

学校有器乐队、合唱队、舞蹈队、健美操队、美术小组、书法小

组、足球队、乒乓球队、田径队、轮滑队共计10个社团,每年一届艺术节、读书节、科技节、运动会、英语节。

六、教师队伍建设

教师是推进课程改革的最为关键的因素,只有课改思想体现在教师的教育教学行为之中,才意味着课改真正得到贯彻,只有教师的教育教学行为源自课改思想,并富有创造性和实践性,才意味着课改工作的蓬勃与生机。以课程改革为契机,以提高教师的综合素质为核心内容,面向全员,突出骨干作用,打造学习型教师组织,加快教师专业化成长是小学教师队伍建设的宗旨。

(一)构建促进教师专业发展的评价体系,激发教师投身课改的内驱力

1. 评价体现引领性

将教师专业发展水平列入教师考核之中,将教师引向专业发展的轨道,如备课、上课、教研、科研、成绩考核、考试命题、教学基本功、继续教育学习等。

2. 评价体现发展性

为教师专业发展提供空间,现在课改缺少的并非先进的理念,而是缺少将这些理念转化为管理行为和教学行为的实施者。以上常规教学的管理看似平常,但正是这些日积月累的平常积累才使得教师的专业水平变得厚重而富有内涵。

3. 评价体现制度性

为教师专业发展增加压力和动力,实施多元奖励制度。①教学奖:按教师总数的30%表奖,班主任按50%表奖;②师德表现优秀奖:按教师总数的30%表奖;③家长测评和学生测评达标奖,没有比例限制;④管理奖:分班主任和科任两个标准,按教师总数的30%表奖;⑤领导推优奖:按教师总数的30%表奖;⑥教学新秀奖:不限定名额。评价能多方面触及教师的心灵,教师在受到震撼的同时,自己的教学行为也一定会发生积极的变化。

（二）课改立足长效发展机制，形成有效的培训策略

1. 三级教研培训，课改从教师理念更新开始

从教学思想到教学行为的转变是课程改革的难点。校级教研、学科组教研和年级组教研形成了学校三级教研培训形式。校级教研活动由学校领导组成，通过校领导上课与新课改理念相结合的辅导形式，让广大教师切身理解在具体的教学行为中如何体现新课改的思想；学科教研组由学科骨干教师组成，通过学科组（含班主任工作）内观摩和研讨教育教学活动，落实新课改思想和理念；年级组教研活动由年级组本学科教师组成，通过每周一次的集体备课、集体教研形式来体现教学方式和学生学习方式的转变。近年来，课堂教学经历了"精讲多练""精讲精练"到现在的"少教多学"的课改理念的洗礼，先进的课改理念已经融入每一位教师的脑海中。

2. 综合技能培训，课改注重教师专业化

教师综合技能中三笔字与普通话水平全部达标，教育信息技术等级考试100%过关。各学科专业基本功采取展示与验收相结合的形式，如学科专业基本功指向——课程三维目标的构建体系的掌握（小初高的脉络框架）、操作与演示能力、课堂设计、说课与课堂驾驭等。班主任培训强调育人的理念、方法、策略以及处理各类偶发事件的能力与技巧，强调班主任的沟通艺术、宽容心态。

3. 教育科研方法培训，课改以课题研究为支撑

学校通过对全体教师进行《教育科学研究方法》《课程论》《校本课程论》系统培训，教师的理论水平有明显提高，能够学以致用。请专家到校开展讲座、校领导开展组织教师培训讲座、组织教师观看录像等形式，为教师科研水平的提升助推了力量。学校80%的教师参加了区级以上科研课题研究，国家级课题"有效利用网络资源，促进语文、数学学科与信息技术整合的实证研究"、省级课题"构建赏识教育特色课堂的研究"、市级课题"轮滑运动在小学体育教学中的开发与运用""信息技术与学科教学的有效整合研究""快乐英语"等多项课题顺利结题。

（三）课改追求教师队伍梯次发展，构建分层次培训体系

教师的需求不同，自身素质存在差异，这就要求校本培训要有层次性，构建分层次的培训体系。

1. 新教师培训

新教师到岗，除参加市区安排的刚性培训之外，学校通过"青篮工程"的方式，安排骨干教师陪伴式培训，并以定期展示汇报的形式进行反馈。

2. 弱势教师培训

让每位教师都有适合自己的岗位是学校的管理思想。对弱势教师的培训重在尊重，择其长处而用之，培训采取"暗流涌动"的策略，同时加大舆论的导向作用，给弱势教师展示个人才艺的机会，让同事、学生、家长更好地了解、接受他们。

3. 骨干教师及学科带头人的培训

对骨干教师的培训起点高、标准更高，充分发挥教师的自主性，让他们感到参加培训的快乐与责任。派他们参加各个级别的学术报告会，让他们到省内外参观学习；为他们主持教科研课题提供强有力的支持。每学期一次的教学论坛，骨干教师与学科带头人参与观摩是刚性规定。

七、办学特色鲜明，课改成果丰硕

学校赏识教育特色鲜明，形成了"赏识—自主"课堂教学模式；轮滑、足球、乒乓球、口风琴成为学校的特色课程；英语学科、语文学科、美术学科、信息技术学科成为区学科示范基地；校园艺术节、校园读书节、校园英语节、校园体育节、校园科技节成为校园文化中璀璨的一环。

第二节　构建现代信息技术教育平台

随着现代信息技术在教育领域的推广和普及，教师教的方式、学生学的方式、学校管理的方式正在接受现代信息技术的洗礼。如何抓住机

遇，顺应时代的发展，构建现代信息技术平台，全面提高师生的信息素养，提高信息技术在学校教育和管理中的应用水平，全面提高教育的效益是学校一直努力奋斗的目标。

一、科学规划，精打细算，不断完善教育技术环境

学校教育技术系统由以下六部分组成，即学生用计算机教学系统、电子备课系统、多媒体教学系统、资源库服务系统、闭路电视系统、校内局域网及国际互联网系统。这些网络系统的建设，从规划设计、设备购置、工程施工到运行过程中的维修与维护都由学校计算机教师自己完成。

（一）计算机教学系统

学校有学生用计算机教室2个，每室配备52台电脑，每台电脑都配有硬盘保护卡和多媒体网卡，硬盘保护卡能保证电脑系统的正常运行，多媒体网卡能使每台计算机的界面相互转换，实现了教学中师生互动、生生互动，真正体现了信息技术教学的高效与直观。计算机室中的每台电脑都与国际互联网相连接，10M光纤的网速保证了教学从文本到视频的各种资源的需求，开阔了学生视野，丰富了教学内容，在引导学生畅游网络世界的同时，提高了学生的信息素养。

（二）电子备课系统

学校有供教师备课的计算机35台，平均2名教师一台计算机。为方便教师使用，学校将计算机安装在各个办公室，教师足不出户就可以使用，使用中还可以随时与同组教师交流，相互学习，共同提高。

（三）多媒体教学系统

学校27个教室及专业教室都配有电脑和背投电视，并与教师的电子备课电脑形成校内局域网，直观的课件、丰富的网络资源源源不断地呈现在课堂教学之中，跳出教材、走出课堂、开阔视野、丰富知识成为我校课堂教学的一种新的教学理念。

（四）校园网络系统

校内局域网和宽带互联网构成了学校的信息化网络系统，教师办公

室、教室、专业教室、学校资源库内所有计算机形成了校内局域网，教师在自己办公室的电脑上可以随意访问学校资源库，也可以随意在互联网搜索教育教学信息，整理编辑后的教师电子备课内容存放在自己的办公室电脑内，在教室的那一端就可以利用多媒体系统进行教学，敲击键盘，万千世界便可呈现于课堂，触动鼠标，生动画面便可出现于眼前，这就是网络，这就是信息时代的教育。

（五）资源服务系统

1. 互联网上资源

互联网上资源丰富，检索方便快捷，为更加方便教师利用此资源，学校组织计算机教师和学科骨干教师将与教育教学相关的专业网站进行检索后分类存放在收藏夹中，教师只要打开资源收藏夹就可以非常快速地检索到需要的各种资源。

2. 中教育星软件资源

"中教育星资源库平台"是国内首创的专门为一线教师和在校学生开发的集海量多媒体教育资源、应用平台和信息技术使用指导于一体的大型多媒体教育资源库和平台，总容量200G。

特点一：有和教学过程紧密联系、学科门类齐全的知识库。

①与新大纲新教材配套的各学科备课资源；

②培养综合素质的实践研究专题；

③千个精美课件、5千个精选参考教案、4万篇教育论文；

④海量的多媒体课件制作素材；

⑤数十万幅图片、1万个动听音效、1万个动画视频、1千首音乐等。

特点二：开放灵活的应用平台，丰富多彩的多媒体功能，全面支持视频点播、音频点播和课件点播。

①可以动态增加资源；

②所有资源在每一台计算机端都可以分离、下载，能够重新组合；

③功能强大的知识搜索引擎。

3. "校校通"校园网系列软件平台

该软件是专门为学校提供的一个集教学、信息共享和管理为一体的校园网软件平台，将校园局域网和互联网有机结合在一起，能够让教师实现网上备课、科研、多媒体教学、考试、作业批改、学生评估；让学生实现网上的个性化、自助式、协同化学习，实现网上课件点播、做作业和复习考试；实现网上的教务管理、德育管理、总务管理；并为学校各类人员提供一个包括信息发布、网络论坛、班级和个人主页、电子阅览视频点播、校园寻呼在内的信息交流平台，其容量150G。

4.学校光盘及音像资源

学校结合新课程改革的进程和教师培训的需要，有针对性地购买了大量光盘和音像资料，学校安排教师专门负责管理，分类存档并及时上传到学校磁盘服务器，其分类情况如下：视频资源，课件资源；文本资源；电子图书；素材资源；每项下属列表为：学科—年级—上、下册—课题名。学校光盘及音像资源达到1500G。

（六）闭路电视系统

学校27个教室及所有专业教室的背设电视都与有线电视相连接，学校家长会、各种报告会、教学观摩会等大型会议可以通过闭路电视进行现场直播。

二、强化教育技术工作的常规管理，保障学校信息技术工作顺畅运行

先进的信息技术设备与丰富的教育教学资源只有用在了教育教学工作之中才算实现了其真正的价值，这种价值的体现绝非几节观摩课和评优课，而应该体现在教育教学工作的各个环节，体现在教育教学工作的整个过程之中，这就需要加强常规管理，形成运用信息技术的规矩和习惯，才能提升整个学校师生的信息素养。

（一）加强信息技术中心组的管理

建立学校信息技术中心组，成员由计算机专业和学科骨干教师组成，发挥骨干教师的带头引领作用，推进学科整合，扩大信息技术在教育教学工作中的覆盖面。

校长亲自负责信息技术工作，直接分管计算机组，从宏观调控到深

入学科指导，有效推进了信息技术在教育教学工作中的普及和提高。

做好服务性工作。教师在运用信息技术中会遇到各种技术问题，小问题通过学校内部电话在线解决，说不清的问题中心组教师亲自到各个办公室进行指导，满足了教师对信息技术的指导需求。

（二）制定设备保养制度，加大检查力度，减少损耗，提高设备使用寿命，保证教育教学工作顺利开展

任何一种设备离开保养，其使用寿命便会大打折扣。学校投资近百万元建成的教育技术硬件系统，我们要鼓励并督促教师使用，且要加强保养，要依靠完善的制度来实现真正的保养。

（三）努力提高校园网的使用效率，强化教师的网络道德意识，提高自律能力和信息素养

针对网络中存在的问题，学校召开专门会议讨论，制定了上网禁令，不上非法网站，工作时间不上与教育无关的网站，不玩游戏，不利用网络聊天。

（四）开展信息技术整合课科研课题研究，全面提高师生的信息素养

学校每周一节计算机课、两节KK英语网络视听课在计算机教室进行教学，在语文学科、科学学科、社会学科、思品学科进行学科整合教学实验，学生在每周三课的计算机室的学习中形成了较熟练的操作技能，在信息技术整合学习实验中丰富了学习内容，拓宽了学习领域，形成了较强的自主学习的能力。例如，六年级语文《宇宙生命之谜》一课，学生通过网络搜集了丰富的宇宙生命信息，在加深课文理解的同时，也丰富了知识，更为主要的是让学生知道了网络学习是更加便捷而丰富的学习。

三、推进校园网站建设，丰富校园网功能

校园网站是学校对外宣传的窗口，好的校园网站也是学校开展日常教育教学工作的信息交流平台。我校校园网站开设了邮件系统、教育论

坛、学校信息、家长学校、教师个人主页、班级主页、教研组主页和学生主页，让主页展示学校、教师群体和学生群体的风采。

四、抓好信息技术的应用，促进教学效益的提高

我校已经形成了较浓厚的教育现代化的氛围，教室和专用教室都装备了多媒体设备，教师在经常运用中已经得心应手，多媒体已经成为教师教育教学中不能缺少的工具。追求合理选择、恰当使用、提高效率是当前我校教师运用信息技术的新的理念。

（一）课堂教学

1. 学科整合，拓展内容，丰富教材

有了多媒体设备就具备了学科整合教学的条件，因此，学校制定了学科教学整合方案，提出了每课必须有课题拓展的学科整合教学要求，让师生搜集相关资料，丰富教材内容。

2. 精选课件，运用恰当，生动高效

不是每课都需要使用课件，当用的必须要用，而且要恰当使用，达到生动高效的效果。如果制作一个课件用了3天，那就不要去做了，那应该是课件开发商完成的事。提倡恰当运用现成的课件，恰当运用是将课件设置于最该出现的时候，以课件代替教师的主导作用。如五年级刘妮教师《田忌赛马》一课。

3. 电子黑板，方便直观，省时省力

生字卡、速算题卡、背诵的古诗、各种文本的幻灯片等是教师最为常用的形式，它起到了电子黑板的作用。如低年级识字教学。

（二）校园电视台

借助校园闭路电视系统，学校开展了荣辱教育、感恩教育、礼仪教育、自立教育、责任教育、环境教育、安全教育等系列教育活动，每期5分钟，于晨会时间播出，有效地配合了学校德育工作的开展。

（三）开展多媒体课件设计制作比赛

课件比赛分四项，第一是网上（含校内资源库）课件下载比赛，考查检索资源的能力；第二是操作购买的现成课件，考查使用课件的技

能；第三是修改下载课件，考查开发与生成的能力和水平；第四是自己设计制作多媒体课件，考查设计与技术水平。

（四）建立考核评价机制，引导、激励教师运用多媒体进行教学

每学期分学科组和年级组将本组使用的课件进行整理，刻盘后上交，一是作为考核教师的材料，二是作为一种资源储存起来。除此，教导处通过巡查课、组内研讨课和定期检查的形式，对教师制作和使用多媒体教学情况进行检查和反馈，使大部教师形成了由督促到主动，由主动到离不开多媒体的信息技术教育氛围。如英语学科、音乐学科、科学学科等。

五、注重对教师教育技术的培训

教师是学校信息技术现代化的关键，我校 2003 年 9 月建校时，69 名教师来自四面八方，当时获得计算机一级证书的仅 7 人，有的教师根本没有操作过电脑，培训教师计算机技术成为当时主要任务之一，制订计划、严肃制度、强化考核、班后练习、双休日加班加点等措施相继出台，努力一个学期，全体教师基本上达到了计算机一级水平，在省计算机一级考试中，学校仅一名教师因机器原因没有成绩，其余全都合格。看到现在我校教师的信息技术水平，我感到欣慰的同时，有更多的是感悟。

（一）最好的培训是在信息技术的运用中进行培训

如果教师们突击性培训，获得了各级别证书，但没去运用，我相信，几天后这种技能便会遗忘得一干二净。学校每学期的教学技能比赛项目少不了信息技术这项，先后进行过打字比赛、电子教学设计比赛、幻灯片制作比赛、网络资源搜集比赛、电教设备操作比赛。说是比赛，其实每人必须达到要求，达不到要求，就得进行二次、三次达标验收，直至合格为此。

（二）循序渐进，逐步提高

一级的 WORD 文档、二级的幻灯片制作及网页制作、现在即将进

行的教育技术培训对我校教师来说确实很符合胃口,每一次培训学校都非常重视,如这次教育技术培训,学校规定迟到早退、病事假按考勤处理,超过半天和考试不及格不享受报销考务费的待遇,因此教师的学习劲头十足。

(三)立足校情,合理规划,提高标准

要想充分发挥我校教育信息的优越条件,必须放眼未来,提高教师的教育信息技术水平。学校将网页的制作和使用、多种教育教学资源的搜集和编辑、利用网络平台的管理和教育教学作为今后的培训目标,以此来突显学校信息化技术的优势。

在数字时代的今天,数字化校园生活才是现代学校的标志,因此,学校将借此次现场会的东风,在创办现代化学校的进程中大踏步向前迈进。

第三节　科研工作发展研究

学校以科研工作为依托,扎扎实实投身于课程改革实践之中,渐渐地形成了自己的文化——赏识文化、书香文化、艺术文化、体育文化、礼仪文化、课程文化、环境文化、管理文化等,这些文化的形成为学校积淀了厚重的内涵和底蕴,学校先后获得国家外语教育实验学校、全国贯彻《学校体育工作条例》优秀学校、全国青少年文明礼仪教育示范基地、全国教育信息化示范基地等诸多荣誉。品味与分享荣耀的悠然时刻,会感受到这些荣誉浸润的丰富内涵,离开了科研会是怎样的肤浅,要提升学校品位和办学层次,必须向科研与学术投入时间和精力。

一、建立科研机构,铺设完善的科研工作网络

学校设立科研室,教导主任兼任科研主任,各分学科副主任兼管各自学科的课题研究项目,教学副校长指导调控全校科研工作,校长统筹设计全校的科研项目,形成了校长—教学副校长—教导主任(科研主

任）—学科分管副主任—学科教师"五位一体"的科研网络。这种科研网络的形成，有助于学校科研项目的有效开展，使各级别科研课题项目都能得到有效落实。学校规定85%的教师都要参与课题研究，并将其列入教师考核的重要一项，申请立项的课题项目不能涵盖所有的教师课题，但为了让每位教师都能参与到科研工作来，按照学校科研工作要求，学科主任牵头在校内立项，指导学科教师有序开展课题研究工作。

二、科研课题研究与校本教研融为一体，让科研落地生根

（一）校本教研应是课题引领下的教研

校本教研是学校常规工作，是教师交流教育教学思想，呈现课改理念的平台，其研究性的体现就是课题的引领，学校设立的课题源于工作实际、课程改革中的困难、经验总结、教育现象等。学校校本教研严格遵循四个环节：课题—计划—课例—提炼，也就是：先定课题，后行教研；针对课题，制订计划；结合课题，准备课例；围绕课题，提炼经验。

（二）科研课题研究融入在校本教研之中

科研课题研究具有系统性——有计划，多因素；规范性——区别于纯粹的经验行为（预设中的经验）；整体性——研究的不是一个独立的问题；规律性——尽可能合乎教育规律；创新性——有理论和实践的新意。在解决课题融入教研这一环节时，应注意三点：一是课题研究来源于需求，破解于教研；二是课题研究借鉴于经验，推广于教研；三是课题研究追求严谨，落实在教研；四是课题研究提炼升华，聘请专家指导。

三、激发教师参与科研课题研究的内趋力，让教师享受科研

面对科研，除了制定教师考核机制外，更为有效的方式是让广大实

验教师获得实验的价值体验，享受研究的快乐，进而形成参与课题研究的内驱力。学校科研工作校长统筹把关，应坚持做到以下几点。

(一) 课题研究通俗化

中小学教师搞教育科研，就是应该从记录教育现象、记录自己的思考、记录自己的感受开始，把一串串'珍珠'串起来，那就是一根非常美丽的项链。例如，市级课题"构建赏识教育特色课堂"就是遵循这一理念完成的项目，其中作文评改课、低年级识字课、高年级阅读课、英语兴趣课堂等课堂教学模式在校内推广应用。

(二) 课题来源于教师的需求

工作实际中的困难、课程改革中的困惑、对教育现象的迷茫等，通过科研课题研究，让教师从困惑中走出来，就会让教师产生价值体验，如："赏识与惩罚相悖吗""经典诵读提倡学生多背诵符合儿童认知规律吗""英语单词考级有助于学生提高英语学习能力吗"等，这些都是教师日常教学中研讨的课题。

(三) 丰富成果呈现形式

经验交流、观摩课、成果集、校刊、公开发表文章等学校层面可以操作的成果，更能让教师获得价值体验。学校的校刊每年六期，每位教师至少刊登四篇文章，校内观摩研讨课每位教师每学期至少一节，学校教学论坛每学期三次，有十余人进行展示，这些无不让教师享受到科研的快乐。

四、创建科研课题研究的平台，促进教师专业发展

学校倡导的是追求自我价值实现的研究型教师队伍，而打造这支队伍的最佳途径，就是为广大教师创建科研课题研究的平台，这一平台是制度保证的平台，因为没有反馈的科研管理是无效的管理；是追求实效的平台，因为没有价值体验的课题研究是无奈的折磨；是需求学习的平台，因为没有展示与交流平台的课题研究缺乏动力支撑。

五、依托科研的内涵支撑，形成鲜明的办学特色

特色的出现应是外显与内涵的统一，物化的特色需要内涵的支撑，否则，特色便会缺失内涵和底蕴。内涵来源于理论与实践的完美结合，这种结合的途径便是开展科研课题研究。赏识教育办学特色、英语教学特色、轮滑、经典诵读、艺术校园、礼仪文化等，其中每一项办学特色的积淀无不是浸润课题研究过程的痕迹，每一项特色的背后都有厚重的内涵和优良的教师素养予以支撑。

学校省级课题结题2项，市级课题结题2项，校内完成研究课题10项，获得省级科研成果5个，市级科研成果3个，教师形成经验论文近百份。

六、深化科研彰显特色打造科研基地强校——科研基地校检查汇报材料

（一）科研基地的建设

1.学校领导的高度重视

学校领导将科研作为学校发展的力量源泉，带头承担课题研究。马校长亲自担任科研课题领导小组组长，他有很强的科研能力和科研意识，对课题的开展进行统一的协调，带领研究小组开展研究工作。结合学校实际，探索适合学校教育科研的最佳途径，构建行之有效的教育科研管理和实施的方法。

学校设立科研室，科研主任具体负责教师培训、课题的组织与落实，课题档案管理工作；成立多个科研小组，各学科骨干人员在学校大课题组的组织下，进行专题研究，形成多层的科研管理网络；责成微机组为课题研究提供技术保障，完成科学探究活动课件的设计、编写，音像资料的制作等。

2.科研队伍的研究能力

学校全体教师认真学习，踏实工作，用勤奋的工作体现服务学生、

服务社会的思想，他们有着丰富的教育科研理论和实践经验、用科研理论指导教学思路。在日常的教学中以小团队的形式进行科研活动，互相研究切磋，行之有效地应用到教育教学中。参与课题的骨干教师均具有本科以上学历，有 43 名教师获得过市级以上科研成果证书。

3.加强专业知识的学习

学校非常重视教师科研理论水平的提高，定期组织教师业务学习，如《新课程标准》《探究式科学教育教学指导》等专业书籍。科研室利用书籍、网络，收集了大量和课题有关的资料供教师查阅，比如《开展"科学探究"活动应强调的几个问题》《论学生科学探究活动的开放性》《小学科研开展深入探究学习的思考》等，这些资料有效地指导和帮助了教师开展课题研究。除学习文献资料外，课题组教师认真学习了探究理论，开展了多方面的调研工作，在儿童心理及探究活动教学实践等领域进行了深入研究，都有了新的突破。

4.健全的管理制度

学校制定了系列的科研管理制度，对于积极参加课题研究、教改实验的教师，不仅给予了物质上的奖励，还制定了一系列优先政策，研究教师均享受优先待遇。在学校管理制度化、规范化的同时，也使科研管理走上了科学高效的轨道，充分调动了广大教师投身科研的积极性，学校现已掀起了人人做科研、人人研究科研的热潮。

5. 充足的经费投放和完美的软硬件设施

为了更好地在教育科研中打造出更具特色的品牌，让教师受益，让学生受益，我校领导为科研的有效实施提供了充足的经费。校领导大力支持科研工作的开展，无论是财力还是物力上，学校都舍得投入，舍得付出。学校先进的硬件条件，庞大的数据库资源和快捷方便的网络环境，为科研的开展更是提供了肥沃的土壤，相信完美的软硬件条件必会为市科研基地校的快速发展保驾护航。

(二)"十四五"科研工作的重点

1. 做好"十四五"课题研究成果的推广工作

加强学校硬件条件建设,为教科研成果推广打好基础。"十四五"期间,学校将加大投入,特别是学校的现代教育信息技术设备投入,进一步提高教师运用现代教育技术的能力,运用现代信息技术的优势,利用现代信息技术的资源,促进教师教学方式和学生学习方式的转变,借助信息技术的形象性、立体性、丰富性、交互性等特点,探索如何转变教师教学方式,从而实现学生的自主·探究·合作学习,总结出实用性强的教学方法和学生自主·探究·合作学习的策略。

新添置的电子白板,功能更加强大,互动方式更加灵活,更有利于促进教师教学方式和学生学习方式的转变。

2. 开展专题活动,促进科研成果的推广

(1) 现场观摩活动

选择优秀实验教师进行优秀科研成果展示课、主题活动展示等活动,号召全校教师进行观摩,在研讨过程中明确优秀成果的推广价值及具体实施办法,实现全员的提升。"走进班主任名师"德育观摩研讨会在我校的召开,又一次向全区各位优秀班主任展现了我校教师勤勤恳恳、兢兢业业的工作态度。

(2) 开展先进教研成果传、帮、带推广活动

由本校的科研骨干与青年教师结成帮扶对子,直接传授给青年教师,发挥骨干教师的专业引领和辐射作用,传授、帮助、带动全体教师积极主动地推广教研成果,将科研成果中的先进教育理念和教学行为、策略进行推广。

(3) 加强宣传,扩大影响

利用学校网站、教师博客等平台,将学校教科研活动和"十三五"教科研成果展示出来,加强宣传,资源共享。

（4）扩大推广应用的范围

在校内推广工作的基础上通过校际交流和手拉手兄弟学校的互动，将教科研成果的推广工作延伸到其他小学。

3.落实"十四五"科研立项的准备工作

根据我学校实际，"十四五"的主要研究方向是：

①强化学校"赏识"教育特色，提高课堂教学效率。

②发挥学校英语教学的优势，提高课堂教学效率。

现在我校正积极申请市级课题，以赏识教育体系构建为主打，进行科研与特色构建的有机结合，目的性、计划性和可操作性更强。

我校一直以来在硬件和软件两方面进行学校特色建设：

以赏识教育为主题进行校园环境文化建设，校园绿化美化凸显赏识文化的气息，厅廊环境设计彰显赏识文化的理念，教室环境布置成为赏识教育的乐园；

以赏识教育为主线的校园内涵文化建设，在校本研训中唱响赏识教育主题，建立赏识教育机制，形成共识，深化认识；

以赏识教育为理念的办学行为建设，让赏识遍及课堂教学的每一个环节，让赏识理念渗透于德育工作的全过程，以世纪之星评比活动为载体，为每个学生的发展提供展示的平台，让赏识教育理念贯穿于校内、外的每一次活动，设计综合实践课程和课外活动，成为学生优势智能的展示舞台，激发其自信，促进学生更好地发展；

以赏识教育为主要手段的学校管理体系建设，从分数到等级，形成了和谐进取的团队，从评价到谦让，完善了优秀教师评比的机制，从量化到个别反馈，实现了对教师的更多尊重。

目前赏识教育已深深地植根于学校管理工作的方方面面，深深地印刻在每一位教师的心中，也深深地种植在学生幼小的心灵深处。

申报课题是"构建赏识教育特色课堂，提高课堂教学效率"，本课题我们有相对丰厚的积淀和研究基础，实验目标是：

（1）将赏识教育理念落实到课堂教学之中去，探索构建赏识教育特色课堂的方法和途径，提高课堂教学的实效性。

（2）构建赏识教育课堂教学模式，探索赏识教育的课堂教学评价模式，提高教师实施新课程的能力。

（3）促进学生自主·探究·合作学习，提高学生的综合素质和创新能力。

4.重点是英语学科、语文、数学、体育等立足骨干学科，发挥英语基地和科研骨干的引领作用，打造品牌

语文学科正在申报"小学写字教学的研究"省、市级课题，通过研究提高教师与学生对写字教学重要性的认识，研究提高写字教学质量的策略和方法，编撰适合校情的校本教材，全面提高学生的书写技能，培养学生良好的书写习惯与爱美情趣。

英语学科正积极申报"英语学科优质课堂中教学技艺运用的实验研究"重点课题：

①通过对"英语学科优质课堂"的研究，探索优质教育的一般规律，提高小学英语课堂教学的效率，使小学英语教学获得顺利而有效的发展，促进教学质量的提高；

②通过对"现代教学技艺"的研究，探索教学中教学技艺各要素的优化和综合运用，提高教师的专业素养；

③通过对"优质课堂"和"教学技艺"评价和管理的研究，提高教学管理和课堂驾驭能力以及学生学习的自主性和积极性，"促进学生主动的，生动活泼的发展"。

第四节　高效课堂教育技术的创建

多年来，我们坚持以校园文化建设为核心、赏识教育为特色、学科

教学改革为支撑、教师专业化发展和学校信息化建设为两翼，使学校的办学水平和质量不断提升，取得了可喜的成绩，赢得了社会各界普遍认可，先后获得了国家基础教育实验中心外语实验学校、全国青少年文明礼仪教育示范基地、省文明学校、省现代教育技术实验学校、省校园环境艺术化工程先进单位等荣誉。

一、不断完善现代信息技术环境，为交互式电子白板的推广和应用奠定了坚实的基础

现代信息技术硬件建设是学校特色办学的重要基础，没有教育技术的现代化就不可能有教育的现代化，因此，我们在科学规划上下了很大功夫，而且积极筹措资金、精打细算，从而使我校的现代信息技术环境不断得到完善。目前，我校的信息技术环境主要有以下五大部分。

（一）学生用计算机教学系统

现有两个学生用计算机教室，每室配备几十台电脑，并拥有功能完善的多媒体教学演示系统，既可满足信息技术学科教学的需要，又可为其他学科开展网络化、开放式教学提供条件。在网络环境下，通过任务驱动、合作探究、分享成果，学生们的视野更加开阔、主观能动性更加释放，更有利于学生的自主学习、合作学习和探究学习。

（二）多媒体教学系统

我校在建校初期就已经实现了教学多媒体化，多个教室及所有专用教室都配备了电脑和大背投电视，学校提出了课堂教学16字诀：跳出教材、走出课堂、开阔视野、有效互动，以促进多媒体教室的高效利用。随着教师教育技术意识和能力的提高，课堂上呈现的知识更丰富、更直观、更形象，不仅大大提高了课堂教学的效率，而且促进了教师教学方式和学生学习方式的转变。

（三）校园网络系统

我校在建校初期就建立了自己的校园网，有了校园网，教师们不仅

可以在办公室或教室电脑上随意访问学校的资源库、在互联网上搜索或下载各种教学资源,还可将自己的电子备课内容存放到办公室电脑中、在教室的电脑上调用、进行多媒体教学。通过校园网,学校基本上实现了无纸化办公,既方便、快捷、环保,又能够清晰地反映出教师的工作轨迹,从而优化了学校的管理工作。

(四) 电视系统

我校的多功能厅具有完备的视频系统、音响系统、数控灯光系统和非线性编辑系统,能够一体化实现摄、录、编、演、播等多种功能,特别是教研课可布双机位摄录,同时采集双机和电子白板三路信号进行现场编辑直播,画面灵活丰富,视频清晰度高。学校的 26 个教室及所有专用教室都有闭路电视与这里相连,是我校举办大型活动的一个重要场所,家长会、报告会、教学观摩会、校园电视台……丰富多彩的活动使这里成为锻炼学生才艺、启迪学生智慧的重要平台。

(五) 校园网站系统

我校早在 2009 年就开设了自己的门户网站,主要栏目有学校概况、学科教学、业务动态、德育天地、教师风采和学生园地等,现已成为彰显我校赏识教育办学特色,与各界同仁分享教研成果,促进师生、家校交流的一个窗口。

另外,我们还利用教师的个人博客,着力打造教师专业发展平台。进入教师们的个人博客,一篇篇学习心得、一篇篇专题论文、一个个教学故事、一个个教学案例……不仅展示了教师们的教学经验、体会和困惑,也记录了教师们积极探索的研究过程,促进了教师专业水平的提升。

二、不断深化信息技术与学科教学的整合工作,为交互式电子白板在课堂上的有效应用创造条件

(一) 加强电教基本功培训

电子白板是一项新生事物,是课堂教学的新媒体。为了让全校教师

尽快接受电子白板，我们首先组织骨干教师进行专项培训，然后由电教教师进行跟踪指导。为使电子白板尽快为课堂教学服务，我们先后两次邀请厂商代表来我校进行应用指导，随后开展了一次全校性电子白板使用技能的演练活动，并纳入教师基本功的培训考核中，人人参与、个个过关，从而保证了我校课堂教学媒体的顺利升级，并很快让教师尝到了新媒体的甜头，并在应用过程中不断探索新功能，提高交互式电子白板的运用能力。

(二) 优化教师电子备课

1.优化个人备课

台上一分钟，台下十年功。当学校的硬件设备已经达到一定水平的时候，教师的备课和课件制作，就成为能否创建高效课堂的关键。为此，我们为每位教师配备了计算机，要求备课电子化，并对电子备课提出了具体的要求：备课必须包括教学设计、教学课件及参考资源和教学反思三部分。教学课件及参考资源是现代多媒体环境下进行课堂教学的核心组件，教师无论是自制、网上下载，还是在学校资源库中选用，都要进行二次加工，要求资源丰富、形式多样、设计科学、运用合理、精当美观。

2.优化集体备课

在个人备课的基础上，我们还借用信息网络平台优化了教师的集体备课。同一教材内容的任课教师可采用一人主备、其他人辅备的方法进行备课，由教研组长制定任务分配表上传至本年部备课文件夹中。主备人要把自己的电子备课提前上传至年部备课文件夹内，辅备人在认真研究的基础上经过集体研讨提出修改建议，然后，主备人再把修改后的电子教案上传，供组内共享。该平台的运用让教师的集体备课更加充分、更加简便。

3.丰富学校电子资源库

我校网络资源库里的资源，主要由五部分组成：互联网资源、中教育星软件资源、学校网站资源、校本电子资源、教师博客资源，主要资源均存储在学校服务器中,并有光盘备份。教师在自己的办公室就可以查阅学校资源目录,并根据需要访问学校的资源库,寻找所需要的教学资源为我所用,一张张照片、一段段视频、一个个课件、一份份教学设计……成为了教师们最为宝贵的财富,极大地提高了备课效率。

(三)加强教研和科研的有机结合,优化课堂教学

为更加有效地提高我校教育技术的应用水平,教师借助信息技术的形象性、立体性、丰富性和交互性等特点,积极探索如何转变教学方式,实现学生的自主学习、合作学习和探究学习的有效途径和方法。一种崭新的课堂教学模式在我校蔚然成形,我们把它概括成了"赏识·激励"模式,充分发挥了现代教育技术的优势,使学生在"赏识"中进入课堂学习、在"激励"中完成课堂学习,为学生的健康成长创设了更加愉悦的环境,深受教师和学生的欢迎,成效显著。

(四)及时检查反馈

学校制定了一整套相关考核办法,并随着教学改革不断完善。学校领导可随时进入教师电子备课平台,及时检查和反馈教师的备课情况,深入课堂听课指导。教学设计是否科学,教学课件及参考资源是否有实效,教学反思是否有针对性,并定期公布结果。特别是电子白板的使用率、使用效果是检查评价的一个重要指标,从而促进教师深化信息技术和学科教学的整合工作,提高实施新课程的能力。

进入"十四五",我校基于信息技术环境下的启发式、探究式、合作式学习模式的研究作为突破口,力争在创建绿色数字校园、深化学校特色建设、提高学校办学品位上进一步下功夫。

三、不断加强教育技术工作的常规管理,保障交互式电子白板的正常使用与维护

任何一种设备离开了维护,其使用寿命就会大打折扣。为此,我校很早就成立了信息技术中心组,校长亲自挂帅,成员由精通信息技术的教师组成,教师在使用电教设备中遇到问题,可随时通过内线电话找该

组成员咨询或进行现场指导。学校还建立了一整套电教设备保养、维护和使用制度，每学期末都要对全校设备的软、硬件进行一次全面检查、养护，以保证下一学期系统的正常运行。

我国著名科学家钱学森对未来教育做了如下描述：未来教育＝人脑＋电脑＋网络。随着高科技的发展，信息技术必将在现代教育手段中占有决定性的地位。如何以信息化带动现代化，探索新型学校教育模式，是一个非常富有挑战性的课题。我校愿意与教育界同仁一道悉心研究、群策群力，在探索中不断前进，燃起一束幽幽心香，享教育无限智慧清凉。

第五节　传承书法文化推动课程改革

挥毫列锦绣，落纸如烟云。千百年来，书法艺术的笔墨纸砚，伴随中国人度过了漫长的悠悠岁月，为中华文化创造出独特而辉煌的价值，在翰墨挥洒中，出现了多少名家圣品，在日月轮转中，道尽了多少人世悲欢。如今，书法经典的传承早已走进了课堂。

一、提高认识，传承经典

（一）国家层面

早在2013年，教育部发布了《中小学书法教育指导纲要》，阐明了开展书法教育的重要意义，提出了中小学书法教育的总体要求，明确了毛笔书法学习的目标与内容，其中，要求小学三至六年级开设书法必修课，每周安排一个课时。此外，还需在综合实践活动、地方课程、校本课程中开展书法教育。

（二）文化层面

中国书法独冠于世，纵观世界文化艺坛，中国书法作为中国所独有的艺术形态，悠悠历史，风雨千年更新衍变，成为独树一帜的艺术精粹。篆、隶、楷、行、草，字形的演变递交，字体的分类名列，流派纷呈，各领风骚，成为世界艺术之林独一无二的文学艺术。

（三）学生层面

经过一个学期坚持不懈的训练，孩子就能掌握书法的基本要领，看出明显的长进；练习两年，就可以达到一定的书法水准。通过学习书法，孩子对中华民族的文化特点会有较深的认识，最显著的收获是：不仅毛笔字写得有模有样，而且钢笔字也会写得更加漂亮。除此之外，还有许多意外的收获。

1.陶冶性情，锻炼意志

刚开始学书法，有的同学爱丢三落四，心绪浮躁，无法集中注意力，练了二三十分钟就坐不住了。经过一段时间的书法练习，这些毛病都消失了，能平心静气地写字，从第一个字到最后一个字都能善始善终地写好。练了书法以后，注意力更集中了，意志、毅力也得到锤炼。

2.养成勤于观察、思考、总结的好习惯

通过教师的引导，学生学会了观察字的间架结构，比照字帖学习运笔，每一种笔画，都让学生充分感悟、领略书法的美妙之处。这种善于思考的好习惯必将转移到学科学习之中，最终有助于学生学习成绩的提高。

因此，教育专家们认为，无论是有志于成名成家还是作为兴趣爱好，让学生从小练习书法都是一项很好的活动，这对学生心智的锻炼、习惯的养成都大有裨益，也将对学生未来的成长产生积极的、深远的影响。

二、追求实效，全面普及书法教学

本学期毛笔书法将实质性进入课堂，我们面临的共同问题是：专业教师问题、教材问题、课时问题、书法专业教师问题等，我们在这些方面做了有益的尝试，希望对大家有所启发和借鉴。

（一）书法教师——普通教师的转型

借助书法名家的教学视频，书法教师以助教讲解的方式设计课堂教学，书法课堂上会呈现名家示范、教师点拨指导、学生跟随书法名师习练书写的理想教学效果。

其一，借助名家书法教学视频。观看书法名家视频，临摹十八种基本笔画和三十几个基本部首，一周时间完成。这主要是感受视频中笔画书写的方法和要领，而不是形成书写技能。

其二，借助书法专业教师的引领。非专业教师的转型单凭看视频和自学自悟还远远不够，转型需要长期的规划，目标是转型为专业性强的书法教师，这就需要专业的引领，学校将书法名家，每周一到校上四节书法课，即每个班级每月上一次书法课，每学期每个学生有四次课在专业教师指导下习练，这种形式的安排，既能使学生在书法专业指导方面得到弥补，又会让非专业书法教师在专业教师书法课堂的跟踪听课中得到指导和提高。

其三，依靠自身书法文化知识学习。一般教师在师范学习阶段对书法文化都有一定的学习和了解，现在的主要任务是结合书法教材，拓展相关书法文化知识，达到随教材同步学习的程度即可。

其四，掌握书法名家视频剪辑技术。这是信息技术的应用，就是将书法名家教学视频进行剪辑，制作成3～5分钟的微视频，这个微视频就是书法课堂中的示范"指导教师"。我们的非专业教师在指导示范上缺乏专业性，书法名家微视频就弥补了我们教师的不足，教师对书法文化的理解以及对学生临写的指导，与名家书法视频的结合，是非专业书法教师创建优质高效书法课堂的有效途径。

（二）书法教材——国家教材校本化

2014年12月，由北京师范大学出版社出版的三至六年级《书法练习指导》一书，作为配套书法教材，教材中更多的是向学生介绍书法的知识，而对书写的教学设计比较笼统，在实际教学中没有一个基本的遵循，很难按照一个书法大家的书体，达到规范书写的目的。我们将其校本化为：

其一，指定一个名家书体进行临习——欧体《欧阳询九成宫醴泉铭》。学校为每名学生配备一本《欧阳询九成宫醴泉铭》字帖，教师按照北师大版书法教材《书法练习指导》的笔画—部首—结构—创作的设计顺序，与《欧阳询九成宫醴泉铭》字帖同步化设计，使字帖与教学相辅相成。

其二，将名家视频与教材同步化。将视频资源（卢中南、田英章、杨华等书法名家）按笔画—部首—结构的知识点顺序，重新编辑成3—5分钟的小微课，使之与教材一致，与课堂教学同步。

（三）书法专业教室——书法教学实效性的必备物资基础

笔、墨、纸、砚无须学生带到学校，上课铃响，学生走进书法教室，文房四宝已经摆放齐全，下课铃响，学生停笔便可离开书法教室。

三、培养书法兴趣，人人喜爱书法

（一）丰富书法文化浸润艺术心灵

每周一次书法作业展，每月评选10名小小书法家，每学期开展一次优秀书法作品展，评选出50件作品进行表彰奖励。学校书法特长活动小组，为有专长发展的学生创设了更为广阔的空间，每周在专业教师指导下活动一次，并组织小组成员参加各项书法比赛和交流活动，先后有上百人次获得各级奖项。

（二）创建微信平台，家庭延展习练

书法要靠日复一日、连续持久的练习才会有所收获，这就意味着学校只是一扇门，学生书法水平的长进，主要在于家庭的延展练习。为此，学校将同步名家微视频转制到学校微信公众平台，让家长借助微信在家进行指导临帖。

（三）构建评价平台，激发临书兴趣

为了保证学生在家完成习练书法的学习任务，班主任与书法教师每周进行一次作业反馈，各班书法作业完成情况与班级管理工作考核挂钩。每学期末家长会上，学生桌面上有学生的一页书法作业，并让家长间相互传阅，以此提高家长的重视程度。

第六节　学校管理发展来提高办学效益

要办好一所学校，必须依靠广大教师，充分调动广大教师工作的积极性和创造性，这样才能卓有成效地完成各项教育教学任务。多年的实践，我们探索出一条"以评价推进管理，靠管理提高办学效益"的有效途径，初步形成了学校管理的规范化、制度化和程序化。

一、端正办学思想，明确考核目的

评价具有导向功能、激励功能、调控功能和认定功能，这些功能标志着评价在学校管理工作中的关键作用。多年来，学校围绕素质教育这一中心，以"以人为本，全面发展，培养学生的创新精神和实践能力"为自己的办学宗旨，有效实施评价功能，保障了素质教育在学校管理中的有效落实。

二、关于学生评价

(一)评价的内容

为了更加贴近学生的生活，我们总是先拟定原则性较强的学生评价方案，再由班主任依据校方案制定本年级或本班的学生评价细则，这样既调动了教师创造性工作的积极性，又保证了学生评价内容的具体可行。

(二)评价的形式

几年来，学校先后开展了"七星"（礼仪、纪律、卫生、奉献、文明、学习、劳动）学生评比，"五佳"（思想、学习、劳动、纪律、卫生）学生评比，"雏鹰"学生评比和"十小"（小卫士、小天使、小主人、小问号、小记者、小交警、小艺术家、小博士、小公民、小助手）学生评比等活动，每学期都以不同的载体形式，实施对学生的评价。每学期还进行综合评比，表现突出的学生被授予各种称号。这种评价机制已经连续运行了六个学期，有 1/5 的学生受到校级表彰，有 1/5 的学生得到班级的表彰，每学期累计有 600 名学生获得成功的体验。正是这种学生评价机制的运行，我们才逐渐形成了自己的办学模式——"在体验中建立自信，在自信中获取成功。"

（三）评价的方法

1. 分项评价，选择最优

各任课教师依据各学科教学大纲要求，确定各学科的评价项目，任课教师平时要对学生进行等级评价，并以水平最好的一次为最终评价结果，并与"十小"评比活动相挂钩。

2. 分类评价，全面提高

落实素质教育必须面向全体学生，让学生主动地学习和发展，我们必须承认和了解学生的个性差异，并以这一差异为基础来评价学生，使学生都有自己可望可及的目标，激发其积极的期望要求，这样才能创造出主动求知学习的氛围。

3. 加强过程性评价，评价全程有效

学生学期学业水平＝平时学业水平＋期末测试水平，采取就高定等的评价方式，即 $A+A=A$，$A+B=A$，$A+C（B+B，B+C）=B$，$C+C=C$。（A 为一等；B 为二等；C 为三等）

4. 以鼓励性评价为主开展"十小"评比活动

学校开展"十小"评比活动，表彰时尽量增大受奖面，没表彰到的班级还可以单独设奖，目的是激发学生积极进取。

三、关于教师评价

（一）考核方案要具有科学性和合理性

第一，要依据教师的基本素质、教育教学能力表现确定权重分数。

第二，权重分数的分配要体现以教学工作为中心。

（二）评价要激发教师的工作积极性，创设和谐进取的工作氛围

第一，制定考核方案时，能定量考核的项目一定量化。

第二，制定考核方案时，需要定性考核的项目，坚持考评的多层次性，做到形成性评价的积累与终结性评价相结合。

第三，在班级管理工作中采取目标管理的办法，为教师和管理者留有改进工作的余地。班级管理中的项目一般是周评一次，我们规定每学期按 17 周评价，期末累计各周评价结果，或采取达标的方式评定，或采取按比例分等的方式评定。

(三) 教学工作评价

课堂教学是实施素质教育的主渠道，我们将其分为课堂教学的过程和课堂教学的效果两部分进行评价。

1. 课堂教学过程的评价

学校通过随机听课和校级评优课两部分来评定课堂教学过程的等级。

随机听课评价指学校领导深入班级听课后对教师的评价，因为一线教师太多，学校 6 位领导分成两组，保证一学期对负责学科及班级的每位教师的课堂教学情况深入了解两次，一是帮助教师改进教学工作，二是督促领导了解教学、研究教学和改进教学。

校级评优课，以教研组为单位，每组推荐一名，人数多的可以推荐两名，由学校组成 5 人评委按 25% 的差额评定，评上的教师多得 0.5，并作为评比优秀教研组的一项条件。校级评优课的主要目的是推进教研组教研工作的质量和水平。

2. 课堂教学效果的评价

对教师课堂教学效果的评价，分考试学科与非考试学科两方面进行。

(1) 考试学科教学成绩

每学期一次，依据任教班级的平均分、及格率和优秀率三项总分评定教师教学成绩。确定的方法：a. 离差——班级总分与年部平均分的差。高出平均分 1 分在 7 分的基础上加 0.5 分，低于平均分 1 分在 7 分的基础上减 1 分；b. 提高幅度——本学期离差与上学期离差的差，提高 1 分在 7 分的基础上加 0.5 分；c. 达标分，三项总分达到学校的标准得 7 分。

（2）考试学科学生能力培养的评价

学校针对学生能力的现状，安排学生能力培养的抽测项目，于学期初印发给每位教师。例如本学期语文学科能力抽测的项目是作文与口头作文，数学学科抽测的项目是计算，这种方法能引导广大教师在平时教学中注意对学生这些能力的培养，有目的地制定能力培养计划。

（3）非考试学科教师教学成绩的评价

通过对任教班级的抽测来评价科任教师的教学效果。具体程序：抽任课班级→按好中差抽 5 名学生→抽教师教案→按教师教案中的知识、能力要求测评学生→按学生等级分评价教师教学成绩。这种评价保证了教师平时上课的质量，保证了教师备课与上课的一致性，使学生各项能力的培养在平时教学中得到重视，提高了平时课堂教学质量。

（4）非考试学科学生个性特长的培养

学科教师结合自己学科的特点，培养学生的个性特长，每位教师都要有特长可教，没有特长可教的教师在竞争中就处于绝对劣势，这项评价的分值差是 3 分。具体方法：参加区级以上比赛的项目，依据比赛成绩确定，前三名者为 A 等 8 分，其次为 B 等 6 分，再其次为 C 等 5 分。没参加区以上比赛的项目，学校每学年举办一次校园艺术节，由评委评定等级，最高等级分为 6 分。

四、评价结果与教师的切身利益挂钩

与年度考核挂钩；与评选先进挂钩；与职称晋级挂钩；与人事制度改革挂钩；与分配制度改革挂钩。

五、评价工作为学校管理工作带来了效益

近些年来，这种教育教学评价，推进了学校的教育教学管理，提高

了教育教学水平，促进了素质教育的实施，给学校的整体工作带来了效益，从 1999 年至今，我校先后获省、市、区各级综合荣誉二十余项。

第七节　建立校本研修机制来提高教师专业水平

教师是推进课程改革的最为关键的因素，只有课改思想体现在教师的教育教学行为之中，才意味着课改真正得到贯彻；只有教师的教育教学行为源自课改思想，并富有创造性和实践性，才意味着课改工作的蓬勃与生机。以课程改革为契机，以提高教师的综合素质为核心内容，面向全员，突出骨干，打造学习型教师组织，加快教师专业化成长，成为大自然小学教师继续教育工作的宗旨。

一、明确校本研修目标，层层落实研修任务

（一）教师个人成长目标

依据区干训工作方案，制定名师、骨干教师及新教师发展目标，建立个人成长档案，使教师专业发展方向明确，任务具体。

（二）分学科研修，职责分明

学校将教师继续教育工作分成五个学科组，即语文学科、数学学科、英语学科、艺术学科及综合学科，由教学校长具体负责研修工作，分管学科主任具体负责指导工作。

二、构建促进教师专业发展的评价体系，激发教师专业发展的内驱力

（一）将教师专业发展水平列入教师考核之中，将教师引向专业发展的轨道

教师自身专业发展与教育教学效果相统一，是教师专业水平提升的价值体现，在教育教学实践中提升教师专业水平，教师专业水平的提升

又促进教育教学质量的提高。教师考核的评价取向，将教师真正引向专业发展的轨道。如备课、上课、教研、科研、教学成绩、考试命题、教学基本功等考核，都将体现对教师专业水平的考核。

（二）评价体现发展性，为教师专业发展提供空间

现在课改缺少的并非先进的理念，而是缺少将这些理念转化为管理行为和教学行为的实施者。常规教学看似平常，但教师专业水平提升的熔炉正是这块土壤，教师专业发展中的不足，学校留给其改进和提高的时间和空间，而不是一棒子打死，这种发展性评价有效促进了教师专业水平的发展。

（三）体现强制性，为教师专业发展增加压力和动力

建立《基本功考核制度》《理论学习制度》《集体备课制度》《校本教研制度》《继续教育管理制度》《继续教育奖励条例》《青年教师成长管理意见》等相关制度，将教师继续教育与学校用人机制相结合，与结构工资相结合，形成教师终身学习和职业发展的激励和约束机制。

三、扎实开展校本研修工作，满足教师专业发展的需求

当学校建立的评价机制将教师引向专业发展的轨道时，教师需要更多的是学习、指导和研究，研修的实效性和高效性成为教师专业发展的渴求。

（一）丰富研修资源，倡导自主发展

1.校园局域网和互联网为教师专业提升和发展提供了广阔的视野和迅捷的信息

（1）校本培训资源库

中教育星软件资源、各学科全国优秀课例、省市优秀课例、校际优秀课例、专家课改报告、新课程培训系列光盘，为教师自主学习提供了广阔的空间。

（2）互联网资源库

学校在建校初便引进了 10M 光纤宽带网，为每个教师办公室配置一台电脑，使教师在无穷尽的网络资源中便捷地汲取专业成长中所需要

的信息。

2. 营造读书氛围，积淀专业素养

让教师走进阅览室，养成读书的习惯，是学习型教师团队的体现。学校把倡导教师读书，作为校本培训的重要内容。由学校制定总体读书计划、统一布置读书任务，定期撰写《教学札记》，定期举行读书交流会。要求开口议、动脑想、提笔写，在实践中体悟。学校阅览室为教师准备的教育教学刊物有96种、报纸10种、教师工具书260多种，除此，学校要求每位教师每年要订阅一种年金额不低于70元，与本学科相关的刊物。让教师走近书籍，让书籍真正成为教师专业水平提升的沃土。

(二) 创新研修方式，讲究研修成效

研修方式从学校实际出发，从教师需要出发，以新颖性吸引教师乐于参与，以灵活性让教师轻松参与，体现个人自学、教研组合作、统一培训相结合的研修特点。研修主要有自学理论、校本教研、课题研究、专题讲座、案例分析、考察调研、教师论坛、经验交流等模式。

1. 自学理论

每周一篇摘录或心得，每学期一篇3000字的学科教学反思，每年读一本理论书籍，每学期召开一次读书心得交流会。

2. 校本教研，突出一个主体，开展好五项工作

校本教研要以教师为主体，教师要以研究者的身份、眼光去审视、分析、解决自己在教学实践中遇到的真实问题，把日常教学工作和教学研究融为一体。

(1) 组内研讨课，观摩中共同成长

每位教师每学期在学科组内上一节组内研讨课，研讨课上课日期于学期初公示，贯穿在学期的每一天当中，使得每位教师都能有准备地上好每一节研讨课，准备的过程就是成长的过程，参与研讨的过程就是专业提升的过程。

(2) 优秀案例评析，理论与实践的融合

案例式听课笔记是进行案例评析的有效载体，是检验教师课改理论与实践相融合的有效方式。学校要求教师每周完成一份案例式听课笔

记，要站在新课程理念的高度进行评议，教导处每周检查一次，重点看评析中新课程理念与教学实际的结合情况。这样既不加重教师学习负担，又使学习与实践融为一体，有效提升了教师专业理论素养。

（3）名师艺术展示课，发挥骨干教师的辐射作用

名师展示课强调的是课堂教学的艺术，每学期学校选10名校内名师结合自己的专长，为学科教师上一节展示课，其特点是，课前进行教学辅导，即这节课的设计理念是什么、在哪个教学环节将体现什么思想、教师组织与引领角色如何体现、学生自主学习习惯如何体现等要在课前向听课教师进行辅导，课后在点评时，让听课教师能清晰感受到课的生成在哪里，教学中没有落实的目标将在今后的教学中如何落实等。这是很有压力的课，每一位校内名师为准备这节课都要付出不知多少个日夜，因为，这节课要体现传统与创新、体现教学的技术与艺术、体现一个学期中自己教学探究的成果。

（4）领导教学辅导课，宏观调控与具体指导相统一

最生动有效的辅导莫过于自身展示的辅导，学校具体负责教师研修的领导都是业务骨干，都没有离开教学第一线。每学期每位学科分管领导都要进行一次学科教学辅导，这种辅导是在反馈了教师专业成长信息前提下的辅导，是宏观调控与具体指导相统一的辅导。这种辅导既要与自己的示范课相结合，又要大量收集优秀的课例资源。这种辅导在使教师专业水平提升的同时，更促使领导专业水平的发展，使其真正成为教师专业发展的引领者。

（5）教师论坛，在交流中进步

针对教师教育教学中存在的困惑和问题，如对新教材的使用建议、教学方式与学生学习方式的转变、新型的师生关系、新课程的评价问题等，组织教师开展教育沙龙，通过教师与教师之间相互启发、相互补充，实现思维和科研智慧的碰撞，从而产生新的思想，使原有的观念更加完善和科学，产生"1＋1＞2"的效果。

3：课题研究，教师专业发展与教育科研相结合

学校先后对全体教师进行了《教育科学研究方法》《课程论》《校本

课程论》的培训，教师的科研水平有了明显提高，能够将教育教学中出现的问题以课题的形式进行研究，教师的专业能力在研究中得到提高。学校有国家级课题一项、省市级科研课题八项，90%的教师参加了课题实验。

4."走出去"和"请进来"

（1）专家报告

教师专业提升首先是教育理念的提升。学校通过观看教育教学专家的录像报告，聘请省市教育专家到校做报告的形式，促使教师进一步更新教育理念，反思教学实践，加深对新课程标准的认识与理解。

（2）外出考察学习

我校根据上级教育部门的安排，定期选派工作作风扎实，教学业务能力强、教学业绩突出的教师参加省、市、区级骨干教师培训班学习。此外，学校还组织骨干教师到上海、四川、武汉、大连、长春等地培训与学习，开阔教师的视野，活跃教师的思维。

（三）分层培训，构建教师资源的"金字塔"

教师的需求不同，自身素质存在差异，学校为此采取分层次培训的策略。

1.新教师培训

关注培训效果，本着"不合格不上岗，学生不满意要下岗"的原则，让新教师尽快成长起来。某年我校新进17名毕业生，为了使刚刚成立而又满载家长极高期望的学校能树立良好的声誉，学校通过"青蓝工程"，发挥骨干教师的作用；通过定任务，压担子，激发新教师自我提高的动力，仅仅一年的时间，新教师的工作便得到了家长的认可，学校工作有了支撑。

2.弱势教师培训

（1）领导包学科

每个学科的薄弱教师由分管学科领导负责跟踪培训，采取绩效挂钩的考核方式，使指导者与被指导者共同享受成长的快乐。

（2）骨干结对子

在人事安排时，考虑骨干教师的均匀分布，每个年级组都安排有骨干教师，并与组内较弱教师结成帮学对子，尤其是新教师，同样采取绩效挂钩的考核方式，在帮学中共同体验成就与快乐。

3. 骨干教师及学科带头人的培训

对骨干教师和学科带头人的培训起点高、标准更高，充分发挥教师的自主性，让他们感到参加培训的快乐与责任。派他们参加各个级别的学术报告会，让他们到省内外参观学习；为他们主持教科研课题提供强有力的支持。

(四) 扎实开展教学基本功比赛

每学期学校都有针对性地开展教学基本功验收活动，以此形成教师较强的专业技能。基本功项目有教学设计、评课、说课、信息技术应用、粉笔字、普通话等，每学期选择其中3~4项进行验收，验收时注重公平性和实效性。

四、校本研修为学校发展带来勃勃生机

(一) 学校青年教师的成长成为学校发展的能量来源

学校30岁以下的青年教师占全校教师总数的45%，其中有17名刚刚参加工作的毕业生，经历了一轮校本研修，现在这些教师已经成为学校的中坚力量，在每学期一次的家长和学生测评中，满意率均在90%以上，优秀率均在60%以上。

(二) 教师科研能力提升明显

教师是学校发展与提升的能源，研修是教师专业成长的生命，校本研修将伴随每一所学校在全面实施素质教育的征程中实现一次又一次的飞跃。

五、后校本化时代的课程整合

后校本化时代的课程整合是课程改革的价值追求和目标指向，课程改革的主要任务是推进国家课程的最优化实施，而国家课程最优化实施的唯一途径就是国家课程校本化。课程整合是国家课程校本化的标识性体现，其核心是促进学生的全面发展。因此，后校本化时代的课程整合

(以下称课程整合），是现今课程改革的价值所在，课程改革的价值追求将明晰地指向后校本化时代的课程整合。

（一）课程整合以国家课程的最优化实施为目标追求

国家课程包括：语文、数学、英语（3—6）、品德与社会（道德与法制1—2年级）、科学、艺术（音乐和美术）、体育共7个类别。还有与学科课程并列的综合实践活动课程（信息技术、研究性学习、社区服务、社会实践、劳动与技术）。我们的课程整合就是以这些国家课程的最优化实施为目标，将其校本化整合。

1.跨学科领域的课程整合

（1）删减式整合

删减交叉重复课程，是一种简单的整合，空余课时的安排和利用是整合的后续工程。不能将课时随便安排给语数英主学科，那样就偏离了国家课程优化实施的轨道，而要针对删减课程所属学科的课程标准，开发适合的校本课程，以落实国家课程的功能。

（2）主题式整合

不同学科间相近或相同的主题集中在同一段时间进行教学，重新调整教学进度，使学生对主题的认识与了解更加深刻，从而使各个学科课程功能的实现更加充分而生动。

各个学科的价值功能与目标不同，相关主题内容在不同学科的视角定位也不会相同，但将不同学科相关主题的课程集中在一个单元体进行教学，既实施主题式课程教学，又可起到因主题理解的深刻而使学科价值功能得到更加充分发挥的整合效果。这种主题课程的整合，学生对主题的认识与了解更加深刻，对各个学科课程功能的实现更加充分而生动。

2.同一学科的课程整合

（1）单元主题式整合

根据课程的内容和季节的特点，将主题课程集中在一起，进行单元式教学，会突出主题的教学效果。这样的单元主题整合教学，会让学生对童年这一主题理解更加深刻，从而在感受与想象、阅读与积累、感悟与思考、习作与表达等语言素养方面获得更好的学习效果。

（2）课堂多功能式整合

将同一学科同一课程中蕴涵的不同学科的课程功能在一堂课上呈现出来，使课程功能得到立体式发挥。课程改革的主阵地在课堂，国家课程实施的主渠道在课堂，如果将每一堂课都实现多功能式的整合，那么课程改革的实质目标就能实现。也就是说，每一个学科的每一节课都需要整合。

3. 综合实践活动课程与地方课程的整合

本课程强调学生综合运用各学科知识，认识、分析和解决现实问题，提升综合素质，着力发展核心素养，特别是社会责任感、创新精神和实践能力。

综合实践活动课程（信息技术、研究性学习、社区服务、社会实践、劳动与技术）是与学科课程并列设置的国家课程，课程总体目标具有价值体认、责任担当、问题解决、创意物化等方面的意识和能力。由学校和地方开发设计，这就给课程整合提供了较大的空间。

（1）研学旅游活动的整合

根据学生年龄特点，每学年分年部进行一次研学旅游活动，将地方课程的相关内容整合到活动中来，能更好地发挥课程的功能作用。

（2）素质教育基地活动课程的整合

素质教育基地的课程内容有厨艺、布艺、多米诺、丝网花、茶艺、木艺、沙画、衍纸影像、海模、航模、车模、创客、机器人、陶艺、泥塑、剪纸、摄影等，这些课程与学校艺术课程及劳动技术课程有重复交叉的内容，将其整合，节省的课时填补活动耽误的其他课程。

综合实践活动课程与地方课程的整合，需要我们统筹设计安排，精确计算实践活动所占用的时间，使其与整合后的空余的课时相当，不能因为实践活动而挤占其他学科的课时。

（二）课程整合将形成新的校本课程资源

无论是跨学科整合、学科内整合还是与综合实践活动整合，整合后的资源就是新的校本课程，而且是能够实现国家课程最优化实施的校本课程。这种课程是在教学实践运用中创建形成的，虽然说没有单独成册，但其却是国家课程最优化实施的有效资源。尤其是每一节课的整合资源，是保证国家课程最优化实施的根本保证，更具有课改价值。

（三）课程整合伴随着新的校本课程的需求与开发

基础教育课程改革，不是纯粹主观意志的产物，而是人们对特定社会政治经济发展的客观需要所作的主观反应。这种主观的反应在现今的学校需要体现得太多了。如：法治教育、安全系列教育、溺水教育、交通教育、防火教育、校园欺凌教育、网络安全教育等等，这些往往都以政府行为贯彻到学校进行主题宣传教育，这种指令性主题教育是随机的，学校的正常教育教学工作受到干扰很大，如果将这些主题以校本课程的形式整合到相关课程中，就会使学校从被动实施教育的处境中解脱出来，例如：12月4日是国家宪法日，按年级特点，设计研发法制宣传教育主题校本课程，并编排到12月初的《人与社会》课程之中，使法制教育进入课程。

总之，课程整合有课程资源的重新调配与融合、有时间安排的集中与分散、有课程内容的删减与增补、有课程内容的拓展与丰富等，它的根本目的就是国家课程的最优化实施。

六、"一课三平台"线上教学模式的有效应用案例

（一）主题与背景

"一课三平台"线上教学模式的应用与实施，为"停课不停学"的线上教学与学习方式探索出了一条有效途径。

为了让孩子能正常学习知识，安抚学生和家长因不能开学而焦躁的情绪，学校制定了"一课三平台"的教学模式。"一课"为市教育局挑选优秀教师录制的课堂教学视频课，"三平台"分别为"作业设计与布置平台""在线答疑平台"和"作业反馈平台"。线上教学前，学校对所有教

师分批进行了操作钉钉软件的培训，保证所有教师熟练运用相关功能，如：建立班级群，发起直播，布置与批改作业等。学校下发了市教育局制定的课程表，要求年组教师共同制定居家教学计划表，包含每日的教学重难点和作业设计，为线上教学的顺利开展打好基础。学校还倡导教师在与学生交流时多采取直播或露脸录播的形式，拉近师生之间的距离，让孩子虽在家学习，却有与在学校上课一样的感受，安心等待回归校园。

（二）案例的过程描述

1.课前通知到位，学生如约而至

根据各年级的课程表，每天上午9：20是第一节课的开始时间。每天9：00教师会准时在钉钉班级群中发起在线签到，提醒孩子们20分钟后将开始一天的学习，同时也了解今天哪些同学能在线同步学习。

2.按点上课下课，创造在校情境

正式开始上课后，教师严格按照课表的课程与时间，在钉钉班级群里发教学视频，并提醒同学们现在该上课了。课间，教师会呼吁孩子们起来活动活动，眺望远方，休息休息眼睛，让学生们随时感受到老师的关爱，仿佛老师就在身边。在大课间和眼保健操时间，教师也会在群里发广播操和眼保健操的视频链接，让学生们在家也能听到熟悉的音乐，锻炼身体，保护眼睛，保持与在校一样的作息习惯，如同在校上学一样。

3.线上交流答疑，拉近心中距离

下午是教师与同学们线上互动交流、布置作业及反馈的时间。与学生互动交流的安排，教师视情况采取露脸录播或在线直播的方式。如果当天知识点难度不大，教师就会采取露脸录播的方式，与学生一起观看完学习视频后，教师把重点知识点重新讲解录制下来，发到班级群里，让学生先自行观看，然后布置作业，等批改作业后再反馈作业中发现的问题。

如果当天知识难度较大，教师就会发起在线直播。在线直播中教师与学生连麦，先让孩子提出学习中的困惑，然后针对孩子的疑问进行解答，对当天的难点再次讲解，之后线上出练习题，让学生讲一讲自己的解题思路，师生之间的交流互动，打破空间的束缚，拉近心与心的距离。

4.适量布置作业，注重反馈到位

布置作业时，教师以年组统一的作业设计为基础，结合自己班级学生的实际情况，布置适量的作业练习，让孩子对当天所学的知识巩固强化。

(三) 案例反思

线上教学不但没有引起学生和家长的反感和恐慌，反而激发了学生的学习热情和家长的积极配合。我认为达到这样良好的效果原因在于：

①市教育局组织录制的教学视频质量高，内容好，授课教师教学水平高，让学生在家学习获得了更好的学习体验。

②学校制定的"一课三平台"的教学模式非常完善，考虑到了有可能发生的问题。从学生与家长的角度出发，解决了学生居家学习的需求，从学习答疑到解惑再到作业反馈，倡导教师每天面对面与学生交流，消除了家长的顾虑，让家长安心、放心、满意。

③作业方面，家长能获得一对一的作业反馈。例如二年级语文线上教学，对于学生的课文朗读没办法一个个去听，但是在钉钉上，当家长把孩子的朗读提交上来，教师能够一对一地针对孩子的朗读提出问题和建议，家长们非常高兴。

以上案例中，详细阐述了在线上教学活动的各个环节中，如何以学生为主体，用爱架起师生互动的桥梁，实现教学的有效性。

七、构建符合学生成长规律的评价体系，促进学生学习质量的提高

每一名学生都是一个充满生机的生命体，让生命绽放七彩的光环，既是每一教育工作者的职责与使命，又是每一名学生自身的向往与追

求，构建符合学生成长规律的评价体系，为学生的发展搭建舞台，创设良好的成长环境，将引领师生不断走向实现自我价值的乐园。

（一）建立激励机制，创设展示的平台和机会

1.学校层面

学校开展的世纪之星评比活动，涵盖了小学生的全面要求，分十个方面引领学生不断完善自我，不断向更高的目标迈进。世纪之星即：爱国星、礼仪星、学习星、纪律星、卫生星、劳动星、体育星、进步星、创新星、友爱星。世纪之星评比贯穿于学生的每时每刻，有自评、生评、师评、家长评、社区评。各班级建立小组，组长负责统计各种反馈信息，每周集中评价一次，每月上报学校公布一次，每学期学校召开隆重的开学典礼大会进行表彰奖励，颁发奖品和证书，请家长到会，让每个学生都逐一上台领奖，让学生感受成功和自信，营造浓浓的学习氛围，表彰奖励面越大越好，一般在30％为宜。

2.班级层面

主要体现为评价的过程，班级中若干个小组长掌握的记录册中，详细记录着本组成员的各方面的表现信息，班主任的助手——班长负责记录着发生在小组长工作范畴以外的全班学生的表现情况。

3.家庭层面

建立家校联系卡，让家长和老师互通孩子在家校的表现，倡导赏识鼓励的反馈思想，摒弃训诫、挖苦、体罚、放任自流的反馈行为。

4.自我层面

帮助学生建立成长记录袋，让学生在搜集自己成长的各种信息中，生动地感受到自己的进步与发展，建立自信，充满希望，产生不断进取的愿望。

（二）注重过程评价，积累积极情感，促进良好学习习惯的形成

积极的评价可以增强学生的自信心，提高自我肯定度，激起学习的兴

趣，更加勤奋努力。学生学习的过程也是生命成长的过程，在这一过程之中，评价伴随其始终，一丝赞赏的微笑、一个肯定的眼神、一句鼓励的话语、一个一同分享成功的动作、一张喜报、一份奖品……都在积累着学生积极的情感。

1.课堂教学中的鼓励性评价

课堂是学校教育的主阵地，也是师生情感、信息交流的处所，课堂教学中的鼓励性评价，是积极情感积累的主要来源。

（1）融入真情的肯定评价。

（2）巧用鼓励性评价。

（3）适度的否定评价。

2.作业批改中扣动心灵的批语

书面语言的沟通给学生的印象更为深刻，在学生作业上写上几句鼓励的话语，很可能使学生终生难忘，尤其在作文批改中，如果老师能针对学生作文中的生活感悟和体会，用激励、赞赏、肯定、希望、欣慰、激动的话语评价学生的作文时，不但能激起学生写作的兴趣，更能收到润物细无声的教育和教学效果。

3.成绩考核表上闪光的足迹

（1）考试成绩是学生的隐私，但让学生本人只知道自己的成绩及名次是必要的，检测后及时将学生的成绩反馈给本人，让学生从纵向和横向发展上了解自己，并以提希望、定目标的方式与学生签订承诺书，在形式上鼓励学生完成学习目标。

（2）"跟踪式"成绩记录册。各学科成绩册要记清每一次检测成绩，学科内分类记录，如语文学科：分作文、写字、测试、课外阅读、朗读、口语交际等，每项的成绩变化在成绩册上有清晰的显示，使教师能准确了解学生的学习变化情况，并能有针对性地调节自己的教学。

（3）倡导评价方法的多元化。改变单纯通过书面测验和考试检查学生对知识、技能掌握的情况，倡导运用多种评价方法、评价手段和评价工具综合评价学生在情感、态度、价值观、创新意识和实践能力等方面的进步与变化。只有实现评价方式的多元化，才能使每一个学生都有机会成为优秀者，才能为学生积累更加丰厚的积极情感，促进学生良好学习习惯的形成。

（三）创设展示个性的空间和舞台，让每名学生都品尝到生命的快乐

学校培养的是将来能够承担社会责任，有能力、有素质建设社会的人才，每一个学生都将成为社会的建设者，而每个学生都有自己的个性和特长，学校要为每一名学生展示个性的空间和舞台，让每名学生都品尝到生命的快乐，从小建立自信，养成受益终身的习惯。

1.发现亮点，每个学生都充满希望

建立学生"亮点燎原"集，及时肯定与鼓励，希望之花便可呈现燎原之势。

2.开展丰富多彩的活动，学生在展示特长中，建立自信，激发兴趣，形成习惯

如运动会、艺术节、英语节、各种专项的群体性比赛、班级内的各种星级评比等，在活动中让学生体验到成就、感受到关注和参与的快乐，从而建立自信和健康的心境。

3.课堂是持久的舞台，为每位学生寻找自己的角色

让课堂成为学生期盼的乐园，就要为学生寻找自己的角色，每个学科都要培养学生的兴趣点，通过学习纵向与横向的反馈，鼓励学生不断向新的学习目标努力。

培养学生良好的学习习惯，等于为学生终身发展插上了腾飞的翅膀，而符合学生成长规律的评价能为学生积累丰厚的积极的情感，当积极的情感积累达到一定程度的时候，良好的学习习惯便自然形成，而学习习惯的形成，就意味着学生掌握了学习的工具，也便实现了新课改倡导的"教是为了不教"的教学思想，学生的学习将不再是一种负担，学习质量将得到有效提高。

八、让新课程理念融入学校管理之中

课程在学校教育中处于核心地位，让新课程理念融入学校管理之中是时代赋予每一名教育工作者的神圣使命。

（一）赏识教育融入学校管理之中，实践"一切为了每一位学生的发展"的课程观

赏识能唤起心灵的共鸣，赏识能激发希望的火花，赏识能把自信留在心底，赏识能激起奋进的力量。无论是学生、老师、领导以及家长，都需要赏识，树立赏识教育的观念，使赏识教育全面体现在学校整体工作之中，体现"一切为了每一位学生的发展"的课程观。

1. 学习与渗透

学校通过有计划地组织教师观看赏识教育录像片，印发赏识教育资料，撰写学习心得等，使广大教师从内心中树立赏识教育的观念。

2. 感染与熏陶

通过观看录像片，召开教师座谈会，成立家长学校，使广大教师及家长感受赏识教育的真谛，使赏识教育的观念内化在每位教师和家长心中，为孩子的健康成长撑起一片蓝天。

3. 规划与升华

将赏识教育列入学校科研课题研究之中，以科研为先导，以各项制度为标准，以评价考核为向导，以论文集锦为收获，以学生快乐成长为宗旨，使赏识教育观念融入教师和家长的教育行为之中。

（二）完善评价体系，实施全员管理机制，促进教师和学生的发展

1. 开展促进提高学生评价的研究

各班建立学生成长记录袋，把学生的学科成绩及成长过程记录在此袋之中，及时反馈给家长，牢固树立赏识教育观念，潜心研究促进学生成长的教育方法，不放弃任何一名学生，让每一名学生都充满自信，充满快乐

和幸福；让每一位家长都满怀希望，学校以世纪之星评比活动为载体，为学生的快乐成长提供展示个性的舞台和空间。

2. 开展促进教师发展的评价办法的研究

学校是广大教师生活的家园，是实现自身价值的舞台，评价的目的是促进教师的发展，而不是单纯为了筛选与甄别。学校教师工作评价方案以赏识为主基调，牢固树立考核是为了促进教师业务提高与发展的评价观，采取各考核项目推优的方式，促进教师的发展。为了达到这一目的，学校采取"扁平式"管理，即实行"126"管理模式，"1"是指校长全面负责宏观调控和指导学校的各项工作；"2"是指两位副校长分别负责统筹管理学校的德育工作和教学工作；"6"是指学校两位副校长和四位中层领导各自负责学校的六大板块的具体工作（英语教学、数学教学、语文教学、科任学科教学、德育工作和总务后勤工作），即宏观领导与具体指导相协调，每一位领导既有具体工作的项目和内容，又要有宏观统筹的工作范畴。具体工作要进行微观指导与管理，体现术业有专攻的教学思想，以促进教师业务提高为目的，即指导→评价→再指导→提高→发展；宏观工作要把准方向，定大局，不"越权"。

3. 开展促进学校管理的评价办法的研究

学校成立由学校校长和副校长、教师代表及家长代表组成的学校监事会，定期检查学校行政工作及各部门的工作完成情况，对各部门具体负责人的工作进行评价。依据分管工作工作量完成情况、工作效果情况、评价教师工作的公正性情况及部门整体工作水平情况进行监督评价，校长每月对各部门工作进行一次抽样检查，及时指导工作中出现的问题，保证学校管理工作高效率运行。

（三）加强教科研管理，增强教科研意识，运行以科研推进新课程实施的教学管理策略

成立三级教研组织，即学校中心教研组（由各学科骨干教师组成，研究学校的教学工作，为学校调整教学工作计划，进行教学决策献计献策），学科教研组和年部教研组，各分管领导深入各自的学科组参与教研活动。

以课题研究促进教研工作，以教研工作促进课堂教学水平的提高，加强教研与课堂教学的结合，探索教学方式与学习方式转变的方式，树立全新的教师角色和领导角色。

以英语、作文、网络教学作为学校课程研究与开发的突破口。

（四）抓紧抓实教师队伍建设，以名师工程和运行人事流动机制为动力，切实提高教师的业务水平和能力

全员参与，以人为本，运行开放式的教学管理机制。以看→悟→研→导→练→绩为我校骨干教师及名师培养的"六字"方略。

"看"，①看校外知名教师的实授课或录像课。②看最新的教学动态及理论书籍。

"悟"，结合观看的素材，悟出内在的东西及实质，形成自己的教学特色。

"研"，将自己的所悟、所感通过课堂教学进行教学实践，并在教研活动中进行教研。

"导"，学校分管学科教学的领导具体负责指导与研究工作，学科教师教学水平既代表教师本人的素质与水平，也是分管领导水平的折射，以此实现检查指导是为了促进教师业务提高的目的。

"练"，①演练教学基本功，如课件制作、驾驭教材、新课标、普通话、粉笔字、钢笔字以及学科基本功等。②课堂教学的艺术性作为每名教师高标准的基本功目标。

"绩"，教师的成就，既是教师本人的荣誉，也是分管领导的荣耀，出现不胜任课堂教学的教师，既是教师本人的业务水平的反映，又是分管领导教学指导水平的反映，倡导促进教师提高的教学管理思想。

学校采取分组推优和集体观摩的方式，对各学科教师的课堂教学水平进行排序。分管英语、数学、语文和科任学科的领导，按30%的比例上报优秀课教师人选，然后学校全体领导和部分教师共同观摩入选教师的课堂教学，并排定学科教师的名次，在观摩各学科教师课堂教学的同时，对分管领导的教学指导水平也进行了评价，更加明确了学校对教师的评价是以

教师的发展和提高为目的的，并将领导的精力引导到了研究和指导教学的轨道上来，形成检查是为了指导而检查，评价是为了教师发展和提高而评价的管理思想。

九、在探索中发展，在发展中积淀

伴随着世界的第三次革命，知识经济时代的迅猛发展，新一轮的课程改革更让我们体会到了教学的生命过程。

随着新课程改革的广泛铺开与深入，教育越来越提升到"建立真正有利于学生发展"的本位主义层面的思考，学生更加需要适于自身发展的教育方式与教材，而国家教材与地方教材对学生个体而言，均有一定的局限性。因此，我校在分析了教师的实际情况后，确定了以学科整合为契机，以课程改革为核心，以提高教师专业水平为目标的教育策略，把提高教师的教学基本功作为校本课程实施的主要内容，扎扎实实地将校本课程研究落到实处。

（一）领导重视，目标明确，保证校本研究工作有序开展

学校领导对校本课程研究非常重视，始终以培养建设一支高素质教师队伍为重点，把搞好学校校本研究工作作为学校工作的重要内容认真抓紧、抓实，提出了"建设高素质教师队伍，走科研兴校之路"的办学思路。为了加强对校本研究工作的领导，还成立了以校长任组长，副校长任副组长，教导主任、学科骨干为成员的校本研究领导小组，加强了对校本实施工作的管理指导，并制定了学校校本培训工作管理实施意见（含奖励实施办法），有力保证了校本研究工作的有序开展。

（二）加强认识，转变观念，促进校本研究思想深入人心

1. 认真学习校本培训文件，领会校本研究精神

校本课程的开发与利用是指教学的内容、教学的形式、教学的手段、教学途径及教材的选择与呈现，贴近学生的生活，使学生能够看得见、摸得着，说则感其肺腑、切中要害；做则昭其心志、刻骨铭心，在潜移默化中发挥教育的功能。校本课程开发作为新一轮基础教育课程改革带来的一

个重要课题,教师们对此并不熟悉,学校领导对这个课题最初也感到陌生。因此,我们从理论学习入手,学校为每位教师都购买了《走进新课程——与课程实施者对话》和《为了中华民族的复兴,为了每位学生的发展〈基础教育课程改革纲要(试行)〉解读》,为校本研究工作的开展打下了良好的基础。

2. 加大教师间的交流力度

围绕校本研究专题,我们还定期开展了组级间和校级间的教学经验交流活动。在活动中老师总结了自己的工作经验,提出的工作中的困惑,找出解决的方法,达到了互相学习、共同提高的目标。

3. 专家引领,提高能力

有针对性地开展了"请进来,走出去"的教育教学活动。在活动中,以科研为中心,请专家进行专题性辅导;同时,充分发挥我校人才资源优势,请名师、骨干进行专题性讲座;结合校外的一些校本研究教研活动,组织我校教师参加,开阔眼界、拓展思路,提高专业水平,进而提高教师自身的修养和专业技术水平。

4. 树典型,提高教师整体素质

教师形象工程的启动,引导老师们树立了正确的目标和方向,使教师在工作中积极进取,形成了良性竞争的环境。在学校整体工作中,我们制定了教师形象工程的活动方案,以校本研究为出发点,树立了"教学之星、学识之星"的教师形象。通过活动老师们对新时期教师这一职业内涵的理解更加丰富,认识到随着社会的发展,教育改革的不断深入,教师不仅要有良好的专业素质,还要有一种不断进取、努力学习的精神,有组织和转变学生的能力;有不断钻研教材改进教学方法的潜力。

5. 广泛调查,了解需求

为了更好地开展我校校本研究工作,形成学校特色,提高学校办学效益,我们在家长和学生中广泛了解社会、家庭、学生对教学的要求,了解了社会对教育的要求和希望,结合"家长开放日"活动,举办校本课程观摩活动,征求他们对我校实施校本课程的意见和建议,增进学校与家长之间就校本问题的交流,从而有的放矢地对课程进行研究,明确我校努力的方向。

(三) 努力实践,工作细致,督促校本研究工作全面展开

1. 以继续教育为契机,开展多种形式的校本培训活动

为使教学工作体现整体性,结合学校继续教育工作,每学期学校都制定切实可行的计划、制度,要求每位教师认真参加校本研究工作,并将每周三定为校本教研活动时间。开学初学校制定教育教学计划和校本教研计划、课改计划以及继续教育工作等计划后,在教师会上通读,每位教师结合学校制定的大专题,制定出符合师生实际及学科特点的校本研究专题,写出自己的教学计划、课改计划等,每月写一篇教改论文,优秀的收集在校刊中,学期末再针对自己的课改专题实施情况写出课改总结,大家进行交流,取长补短,共同提高。

2. 创立"三级"教研组,发挥学科骨干的引领作用

为使教师能在最短、最快的时间内领会校本精神,在实际的教学中加以体现,学校以各学科带头人成立了学校教研组,目的是从多学科、多角度、多层面打破学科界限,突出学科整合、学科渗透,同时又成立了学科教研组,研究新课程标准对学科教学的精神及有关的要求,并通过课堂教学实践来进行诊断和反思。

3. 实施"春雨"工程,骨干与新秀相得益彰

充分发挥学科带头人的辐射作用,把他们对新课标的所悟、所感、所得,结合课堂教学的实践来帮助和指导教学新秀,把抽象的理论化为直观的、具体的、可操作的实践过程,使教学新秀在直观的课堂教学过程中来感受和理解新课标的精神,在有效的时间内最大限度地提高教学水平,同时在帮助和指导的过程中,也是对学科带头人教学的一个检验和提高过程。

4. 加强教师的反思意识

充分发挥教师的问题意识,每周每位教师最少提出一个教育教学中的问题,先在教研组内讨论,不能解决的学校想办法通过讲座、请专家等方式解决,并改革了传统的教学反思方式,鼓励教师认真完成《教学

札记》，正是通过这一系列真正富有成效的活动，提高了教师的专业化水平。

5．积极推行"四个一"新课程教学管理

为了使教学工作有效地开展，要求教师每月推荐一篇优秀的教学札记；每学期至少上一节公开教研课；每学期完成一篇有独到见解的教育信息；每学期上交一份教学论文。与此同时，每学期组织教师参加校本研究专题教学论文大赛和经验交流。

6．落实新课程标准，开展系列活动

走进新课程以来，我校利用周三业务学习时间开展"博闻深悟"活动，要求主讲人要讲清这部分的结构框架、中心观点，引发集体讨论，通过互谈体会，达到共同提高的目的。此外，还举行了名师风采展示课、骨干教师引路课、教学新秀示范课、青年教师汇报课等活动，化解了教师对新课程改革的距离感。并采取了"主题研训""跟踪指导""典型引路""观摩研讨"的形式，扎实开展"诊断课""案例课""研讨课""观摩课"，把科研与教研相互结合，以科研指导教研，以教研促进科研，在实际的课堂教学中不断深化和完善理论指导，树立"问题即课题"的意识，使校本培训与校本教研相互结合，相互促进，为打造我校品牌教师、品牌课堂提供了教师展示自我的平台。

（四）辛勤耕耘，努力开发，活化新一轮课改的研究方式

学校在确定了以"赏识教育"为学校办学特色的同时，大力进行课程的改革，将校本课程列入"课程表"，从几个方面进行了课程改革的尝试和探索：

1.以作文教学改革为突破口，提高学生语文的整体素养

在保证语文教学基础课时的基础上，学校每周增加2课时的作文教学，并在晨读中开设20分钟的口语训练小课。作文及口语训练的选题要与学生的生活实际及年龄特点相结合，要体现新课标精神，让学生在实践中运用语言，提高学生的语言表达能力。

2.开设KK英语，实现人机互动

每周2课时的KK英语，让学生在多媒体教室进行英语的视听教学

与口语模仿交流教学,既有面向全体的统一教学,又有个体的单一训练指导。而每周一节的与外教零距离接触,又体现了我们放眼世界的胆识和策略。

3.选用现代小学数学,注重解决数学问题的思想、方法、策略

学校在数学上选用了现代小学数学教材,注重学生学习数学的思想、方法、策略,注重学生思维能力的培养。体现新课程倡导的人人学有价值的数学;人人都能获得必要的数学;不同的人在数学上得到不同的发展。

4.实施"分层教学",使每一名学生都有发展

在尊重学生差异的前提下,依据学生原有的学习习惯、学习态度、学习品质、知识水平,对同年部的学生实施分层教学。通过动态管理,学生可以自己选择班级,学习适合自己、有利于提高自己的教学内容。让每一名学生都站在同一起跑线上,缩小了学生之间的差距,让每一名学生都有可比性,使学生能感受到自己的价值,避免了课堂教学中出现的教学要求不均衡,真正意义地体现了因人而异和因材施教。

5. 充分利用信息技术,在实践与开放中拓宽课程资源

学校利用现代化的教学资源进行学科教学,把学科与学科之间交叉的知识进行整合,高速便捷的10M光纤宽带、方便实用的中教育星网站,都为全校师生提供了资源共享的平台。让学生利用网络资源立足于教材并走出教材,既在网络中寻找到所学知识的相关内容,又把所获取的知识信息进行了整理和积累,进而体现了教学的开放性。

总之,实施校本课程不仅给学生带来好处,还为教师的成长创造了有利条件。通过实施校本课程,我们欣喜地看到许多教师在成长,在不断提高自己的专业水平。我们有百倍的信心,将校本研究活动深入开展下去,以迎接新课改每一缕灿烂的阳光。

参考文献

[1]李桦,张广东,黄蘅玉.学校心理咨询操作规范与管理[M].广州:中山大学出版社,2021.

[2]李吉雄.教苑守望:学校教育教学管理实践与探索[M].兰州:兰州大学出版社,2021.

[3]郑建忠.学校管理信息化[M].开封:河南大学出版社,2021.

[4]程正方.学校管理心理学[M].北京:国家开放大学出版社,2021.

[5]张建军.学校管理创新理论与实践研究[M].长春:吉林教育出版社,2021.

[6]袁秀菊.学校管理360度[M].东营:中国石油大学出版社,2020.

[7]武宏伟.学校管理重难点解答[M].南京:江苏凤凰教育出版社,2020.

[8]奚亚英.为学校管理赋能[M].北京:北京教育出版社,2020.

[9]邹莉莉.新时代下学校管理模式创新[M].太原:山西经济出版社,2020.

[10]刘中华.现代学校管理实践与创新研究[M].延吉:延边大学出版社,2020.

[11]董圣足.民办学校分类管理推进策略研究[M].上海:华东师范大学出版社,2020.

[12]赵连云.新时代中国学校安全管理[M].石家庄:河北教育出版社,2020.

[13]马骏.学校教育科研管理规范与创新[M].上海:上海科学普及出版社,2020.

[14]叶飞.治理理念与公民教育[M].杭州:浙江教育出版社,2019.

[15]李希贵.学校如何运转[M].北京:教育科学出版社,2019.

[16]卢海弘.公立教育治理之理论与实践研究[M].广州:广东教育出版

社,2019.

[17]高静.班课一体化学校治理新机制[M].武汉:华中科技大学出版社,2018.

[18]严华银.治理:现代学校的标志[M].北京:世界图书出版公司,2018.

[19]方芳.学校治理变革研究司法判例的视角[M].北京:中国社会科学出版社,2018.

[20]韩业斌,许映建.学校治理中的法律风险与法律责任[M].南京:南京大学出版社,2018.

[21]李伟涛.品质学校治理循证改进[M].上海:华东师范大学出版社,2018.

[22]张连芳.现代学校从管理走向治理[M].上海:上海教育出版社,2018.

[23]丁庆,王茜,史金玉.学校社会工作实务[M].成都:西南交通大学出版社,2018.

[24]卢晓中.学校管理案例研究[M].广州:华南理工大学出版社,2018.

[25]方益权.中国学校安全治理研究[M].北京:中国社会科学出版社,2017.

[26]于英.学校体育伤害事故风险防范与治理机制研究[M].长春:吉林大学出版社,2017.

[27]徐小洲.变革时代的学校与教育[M].杭州:浙江大学出版社,2017.

[28]舒文.职业能力培养学校创立与运营研究[M].成都:西南交通大学出版社,2017.